Kreatives Gestalten mit Gips

John Plowman

Kreatives Gestalten mit Gips

AT Verlag

Die Originalausgabe erschien 1996
unter dem Titel «Plasterworks» bei Quarto Inc., London.
Aus dem Englischen übersetzt von Beate Gorman.

Satz: Grafische Betriebe Aargauer Tagblatt AG, Aarau
Printed in China

ISBN 3-85502-574-6

Grundtechniken

Aus dem Tierreich

Aus der Natur

Inhalt

Dekorationen fürs Heim

Aus der Meereswelt

Himmelskörper

Gesichter und Figuren

Einführung

Willkommen in der Welt des *Kreativen Gestaltens mit Gips.* Sie werden bald feststellen, wie leicht es ist, aus Gips die vielfältigsten Objekte herzustellen. Dieses Buch wendet sich speziell an den Anfänger und zeigt in detaillierten Anleitungen, wie man Wandschmuck in modernem und klassischem Stil, dekorative Spiegel- und Bilderrahmen oder eine originelle Uhr selbst herstellen kann. Zu jedem Kapitel zeigt eine Doppelseite ausgewählte Beispiele künstlerischer Gestaltungen mit Gips.

Gips wurde von vielen alten Kulturen als Baumaterial, für architektonischen Schmuck und zum Formen von Skulpturen eingesetzt. Gips ist ein in der Natur vorkommendes Mineral, das zu einem Pulver vermahlen wird. Dieses wird mit Wasser angerührt und kann dann in Formen gegossen werden; anschliessend lässt man die Gipsform aushärten.

Gips, Latex und Farben gibt es in Läden für Hobby- und Künstlerbedarf. Die meisten anderen für die Arbeiten in diesem Buch verwendeten Gegenstände werden Sie in Ihrem Haushalt finden, oder Sie können sie im örtlichen Heimwerkermarkt kaufen. Unbemalte Gipsformen und fertige

Gussformen werden in diesem Buch ebenfalls eingesetzt. Man findet sie überall in Hobbyläden und auf Kunsthandwerkermärkten. Auch in vielen Museumsläden werden Abgüsse der dort ausgestellten Meisterwerke im Kleinformat angeboten. Sie ergeben ganz spezielle Geschenke.

Die Grundtechniken des Modellierens, die Herstellung einer Gussform und das Abnehmen eines Abgusses werden klar und ausführlich erläutert. Man braucht dafür keine Erfahrung und auch keine besondere Einrichtung. Gipsabdrücke kann man ganz nach Geschmack und passend zum Raum dekorieren. Wir werden Ihnen eine Reihe von Möglichkeiten zeigen, die unabhängig von der künstlerischen Erfahrung von allen gemeistert werden können.

Jede der hier vorgestellten Gipsarbeiten verleiht einem Raum das gewisse Etwas. Wenn Sie erst einmal die grundlegenden Techniken des Giessens und Dekorierens erlernt haben, können Sie mit eigenen Ideen experimentieren. Wir wünschen Ihnen viel Spass dabei!

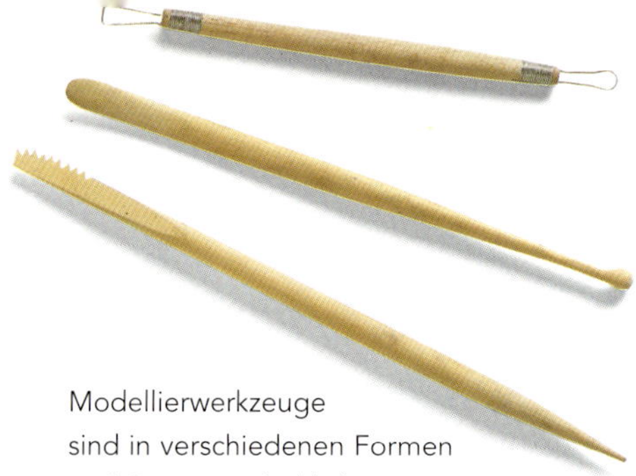

Grundtechniken

Modellierwerkzeuge sind in verschiedenen Formen und Grössen erhältlich.

Mit Ton und Knetmasse modellieren Sie die Vorlage der Formen, die in Gips gegossen werden sollen.

Halten Sie eine Reihe von Pinseln bereit. Der Gips wird mit einem Spachtel gemischt.

Weisser Modelliergips wird zum Giessen verwendet; ein Gips von gröberer Qualität dient zum Herstellen von Stützformen für Latexgussformen.

Material und Werkzeug

Die meisten Menschen kennen zwei Arten von Gips: Putzgips für Bauarbeiten und feinen Gips. Putzgips ist sehr grob und sollte nie für künstlerische Arbeiten verwendet werden. Wir verwenden für alle Gegenstände feinen Gips. Der feinste Gips ist der Modelliergips. Er braucht lange, um fest zu werden, und ist daher ideal für Gussarbeiten geeignet. Ein weicherer Gips – Alabastergips – eignet sich zur Herstellung von Stützformen für Latexformen und für Reparaturarbeiten. Beide Sorten werden unter verschiedenen Handelsbezeichnungen verkauft. Eine andere Gipsart, die langsam aushärtet, ist Moltofill. Wir verwenden es für einige der freien Gipsarbeiten.

Versiegelungen und Lacke

Gips ist ein poröses Material, das Farbe schnell aufnimmt. Wenn Sie Spray- oder Acrylfarben verwenden, muss der Gips normalerweise vorher nicht versiegelt werden, aber für Marmorierungen beispielsweise, für die die Farbe nass bleiben muss, ist eine Versiegelung unbedingt erforderlich. Eine Lackschicht zum Abschluss dient auch als Schutz. Gips kann wegen seiner porösen Beschaffenheit durch Witterungseinflüsse leicht beschädigt werden und findet daher seinen Platz am besten im Haus.

Versiegelungen und Lacke schützen Gipsarbeiten.

Aus einem flexiblen Mixbecher lässt sich der Gips leichter giessen. Getrocknete Gipsreste entfernt man durch einfaches Biegen der Seiten: Der Gips bricht und fällt ab.

Acryl- und Sprühfarben sind ideal für Gips. Tragen Sie die Farbe mit Pinsel, Zahnbürste, Schwamm oder Tüchern auf.

Dekorative Oberflächenbearbeitungen

Gips kann mit den meisten Farben und Färbemitteln dekoriert werden. Acrylfarben sind ideal. Sie trocknen schnell und können auf vielfältige Weise eingesetzt werden: direkt aus dem Behälter, mit Wasser verdünnt, so dass Lasierungen entstehen, oder mit speziellen Materialien, Sand und ähnlichem vermischt, um Textur zu schaffen.

Man kann Pinsel auch anders verwenden, als die Oberfläche damit einfach nur gleichmässig mit Farbe zu versehen. Mit einem trockenen Pinsel können Sie Glanzlichter setzen. Zuerst tauchen Sie den Pinsel in Farbe und streichen überschüssige Farbe an einem Tuch oder Stück Papier ab; ziehen Sie den Pinsel über die Oberfläche, so dass nur die vorstehenden Bereiche Farbe aufnehmen. Das Stupfen ist eine weitere Technik. Halten Sie den Pinsel senkrecht, und tupfen Sie so die Farbe auf.

Pinsel sind jedoch nicht die einzigen Werkzeuge, mit denen Farbe aufgetragen werden kann. Sie können die Form besprühen, indem Sie eine Zahnbürste in wässrige Farbe tauchen und diese durch Biegen der Borsten auftragen.

Mit Schwämmen kann man auf zweierlei Weise eine Oberfläche gestalten: Entweder tupfen Sie damit Farbe auf eine bereits gestrichene Fläche, oder Sie tupfen mit einem trockenen Schwamm über die noch nasse Farbe, um etwas Farbe abzunehmen. Um bestimmte Bereiche einer Form zu betonen, kann die Farbe auch mit einem Tuch aufgerieben werden.

Der Arbeitsplatz

Decken Sie den Arbeitsplatz mit Zeitungspapier ab – so lassen sich Rückstände, wenn Sie Gips verschütten oder Spritztechniken anwenden, leicht entfernen. Halten Sie immer Reinigungsmittel bereit: Mit Terpentinersatz entfernen Sie Produkte auf Ölbasis, während für Produkte auf Wassergrundlage Wasser und Seife genügen.

Metallicfarben gibt es in vielen Varianten. Sie ergeben einen schönen Überzug.

Aus Latex entstehen flexible Gussformen; feine Oberflächendetails lassen sich damit gut wiedergeben.

Ein locker gewebter Leinen- oder Baumwollstoff verstärkt grosse Formen. Mit Farbpulver lässt sich Gips färben.

Gips mischen

Die erste Voraussetzung für jede Gipsarbeit ist eine gute Gipsmischung. Eine schlechte Mischung ergibt schwachen Gips – wenn er überhaupt bindet! Für eine gute Mischung muss dem Wasser die richtige Menge Gips zugefügt werden. Abwiegen und Abmessen ist nicht nötig, da man beim Mischen merkt, wann genügend Gips beigefügt wurde. Die Methode ist narrensicher, leicht zu erlernen und ergibt immer eine gute Mischung.

Hitzereaktion

Wenn Gips und Wasser vermischt werden, findet eine exotherme Reaktion statt, das heisst, es wird Hitze abgegeben. Wenn Sie den Gips beim Aushärten mit der Hand berühren, spüren Sie die Wärme. Zu diesem Zeitpunkt ist der Gips nicht sehr stabil und sollte nicht weiter bearbeitet werden. Nach ein paar Minuten kühlt er ab und kann dann, obwohl er immer noch nass ist, weiter bearbeitet werden. Die Zeit, die er zum völligen Austrocknen braucht, hängt von der Grösse der Form und der Umgebungstemperatur ab.

Abklopfen, nicht abwaschen

Die Arbeit mit Gips ist eine schmutzige Angelegenheit. Achten Sie immer darauf, dass Sie und Ihr Arbeitsplatz ausreichend geschützt sind, bevor Sie beginnen. Reinigen Sie den Mixbecher und die Werkzeuge immer erst, nachdem der Gips hart geworden ist. Drücken Sie die Seiten des Mixbechers einfach nach innen – der getrocknete Gips bekommt Risse und fällt ab. Von den Werkzeugen lässt sich der Gips nach dem Trocknen abkratzen.

Die Entsorgung

Giessen Sie nassen Gips nie in den Ausguss, und waschen Sie nassen Gips nie unter fliessendem Wasser ab! Gips, den man in den Ausguss giesst, wird mit grösster Wahrscheinlichkeit binden und die Abflussrohre verstopfen. Waschen Sie nassen Gips immer über einem Eimer Wasser ab. Die festen Teile sinken zu Boden und können anschliessend mit dem Haushaltsmüll entsorgt werden, das Wasser kann man draussen in einen Graben giessen.

Verteilen Sie den Gips langsam und gleichmässig möglichst nahe über der Wasseroberfläche.

Der Gips sinkt zu Boden; wenn man mehr hineinstreut, steigt er langsam an die Oberfläche und bildet dort kleine Erhebungen. Auf dieses Merkmal sollten Sie achten.

Warten Sie einen Moment, um zu sehen, ob die Erhebungen wieder im Wasser versinken. Wenn Sie an der Oberfläche bleiben, vermischen Sie den Gips mit dem Wasser. Achten Sie dabei darauf, dass Klumpen aufgelöst werden.

Ein Beispiel für eine schlechte Mischung: Es wurde nicht genug Gips eingerührt. Der Gips ist transparent und läuft sofort vom Löffel.

Die Mischung soll glatt und cremig sein. Um zu prüfen, ob die Mischung gut ist, ziehen Sie langsam einen Löffel heraus: Der Gips darf nicht vom Löffel rinnen und nicht durchscheinend sein.

Gips färben

Für farbigen Gips wird die Farbe ins Wasser gemischt, bevor der Gips zugegeben wird. Es kann jede wasserlösliche Farbe (am einfachsten Pulver) verwendet werden. Bedenken Sie, dass die Farbe im angerührten Gips heller wirkt.

Streuen Sie etwas Farbpulver auf die Wasseroberfläche, und mischen Sie es gut unter. Geben Sie genug Farbe zu, um den gewünschten Ton zu erhalten.

Nun geben Sie den Gips wie zuvor beschrieben dazu. Achten Sie darauf, dass die Farbe gleichmässig verteilt wird.

Giessen

Einen Abguss stellt man mit Hilfe einer Gussform her. Dabei handelt es sich um die Negativform eines Originals (Positiv). Die Gusstechnik ist für jede Art von Negativform dieselbe: Flüssiger Gips wird in die Form gegossen, man lässt ihn aushärten und nimmt dann das fertige Objekt aus der Form. Manche Gussformen können immer wieder verwendet werden; hier befassen wir uns mit der Herstellung von Gipsobjekten in Formen, die nach Gebrauch weggeworfen werden.

Fertige Gussformen

Als Gussformen eignet sich verschiedenstes Verpackungsmaterial, beispielsweise Joghurtbecher oder die durchsichtigen festen Plastikformen, mit denen Waren auf Karton befestigt werden. Sobald Sie ein Auge dafür entwickelt haben, werden Sie überrascht sein, wie viele interessante Formen sich damit giessen lassen. Benutzen Sie sie, um darauf verschiedene dekorative Oberflächenbearbeitungen auszuprobieren. Vielleicht lässt sich in dieser Weise auch ein Objekt giessen, das schon für sich allein interessant ist.

Um die benötigte Gipsmenge zu ermitteln, füllen Sie die Gussform mit Wasser und giessen Sie dieses dann in den Mixbecher. Stellen Sie wie auf Seite 10–11 beschrieben die Gipsmischung her.

Giessen Sie den Gips langsam und gleichmässig in die Form, bis sie halbvoll ist. Lassen Sie den Gips sich setzen, und bewegen Sie die Form dann vorsichtig hin und her, um sicherzustellen, dass der Gips gleichmässig verteilt ist.

Füllen Sie die Form weiter mit Gips. Wenn Sie zuviel hineingegossen haben, streichen Sie mit dem Spachtel die Oberfläche glatt. Halten Sie die Form fest, und bewegen Sie sie vorsichtig, um Luftblasen zu entfernen.

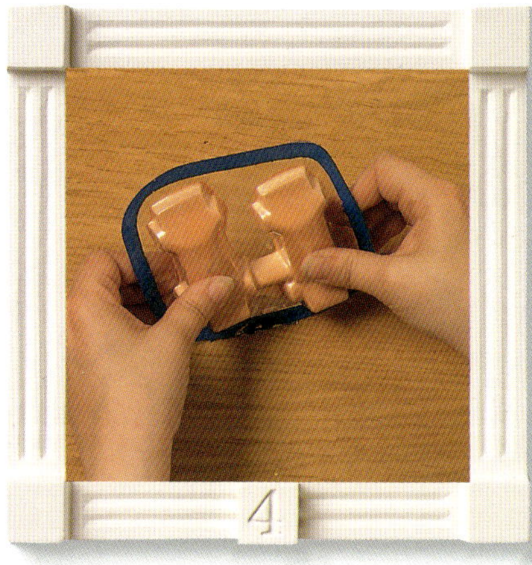

Wenn der Gips trocken ist, entfernen Sie den Abguss vorsichtig aus der Gussform. Falls nötig, schneiden Sie das Plastikmaterial mit der Schere ein, und schälen Sie es von der Gipsform.

Glätten Sie rauhe Kanten mit Schmirgelpapier.

Tip Gussformen ohne ebenen Boden müssen abgestützt werden, damit sie gerade stehen. Verwenden Sie dazu Knetmasse oder Holzstücke. Setzen die Form, nachdem Sie sie zur Entfernung von Luftblasen hin und her bewegt haben, immer wieder sorgfältig auf den Stützen ab.

Pressformen

In eine dicke Schicht Ton oder Knetmasse kann man die verschiedensten Objekte drücken und die so entstandene Negativform dann mit Gips ausgiessen.

Kneten Sie die Knetmasse durch, damit sie weich wird. Rollen Sie eine dicke Schicht aus.

Reiben Sie den Gegenstand mit Spülmittel ein, und drücken Sie ihn in die Knetmasse.

Bilden Sie rund herum aus Streifen von Knetmasse eine Wand. Verstreichen Sie innen und aussen den Übergang zwischen Wand und Grundplatte mit einem Modellierstäbchen, um ihn gut zu versiegeln.

Giessen Sie Gips in die Form. Sobald er trocken ist, kann die Knetmasse entfernt werden.

Latexformen

Latex ist ein flexibles Material, mit dem sich auch feine Oberflächendetails einer Vorlage wiedergeben lassen. Hier zeigen wir, wie man eine aus einem Stück bestehende Form herstellt, die sich leicht abnehmen lässt. Mit ein und derselben Latexform kann man mehrere Abgüsse herstellen, womit sich vielfältige Möglichkeiten der Herstellung und Dekoration eröffnen.

Schichten auftragen

Das flüssige Latex wird in Schichten aufgetragen: Für die ersten Schichten muss es ziemlich flüssig sein, um feine Details wiederzugeben. Für die folgenden Schichten wird es angedickt, um der Gussform Stärke und Dicke zu geben. Wenn man jedoch zuviel Andickmittel verwendet, wird die Form nicht so flexibel. Verwenden Sie einen alten Pinsel – wenn Latex an den Borsten antrocknet, wird er unbrauchbar. Zwischen dem Auftragen der einzelnen Schichten lassen Sie den Pinsel im Latextopf stehen, damit er nicht austrocknet. Wenn Sie fertig sind, waschen Sie den Pinsel schnell in heissem Seifenwasser aus. Der Latextopf sollte immer fest verschlossen werden, damit sich keine Haut darauf bildet.

Hohlräume

Latex kann leicht in Hohlräume zwischen dem Objekt und dem Untergrund, auf dem es aufliegt, fliessen; die Folge ist, dass sich die Form später nur schwer entfernen lässt. Dank ihrer grossen Dehnbarkeit können kleine Hohlräume mit der Latexschicht überbrückt werden, doch sollten diese auf ein Minimum reduziert werden. Bevor Sie mit der Herstellung der Form beginnen, füllen Sie daher alle Hohlräume mit Knetmasse aus.

Die Stützform

Da Latex ein flexibles Material ist, muss die Latexform zum Giessen auf einer speziell hergestellten Stützform aus Gips ruhen. Diese verhindert Verformungen, wenn der Gips hineingegossen wird, und stellt sicher, dass er an der Oberfläche glatt aushärtet.

Rahmen

Rollen Sie Knetmasse oder Modellierton dick aus, und schneiden Sie ihn in Streifen. Deren Breite berechnet sich nach der Höhe der Positivform an ihrer höchsten Stelle plus 2,5 cm. Bilden Sie mit diesen Streifen in etwa 2,5 cm Abstand einen Rahmen um das Objekt, und verstreichen Sie diesen fest mit dem Untergrund.

Eine Fischform aus Latex

Für dieses Beispiel wurde das Fischrelief von Seite 82 verwendet. Alle Hohlräume werden mit Knetmasse ausgefüllt.

Tragen Sie die erste Schicht Latex auf den Fischkörper und den Untergrund auf, so dass um den Fisch herum ein Rand entsteht. Lassen Sie die Schicht trocknen. Tragen Sie fünf weitere Latexschichten auf, die Sie jeweils vor dem Auftragen der nächsten trocknen lassen.

Mischen Sie das Latex mit einem speziellen Andickmittel, und tragen Sie drei weitere Schichten auf, die Sie jeweils wieder trocknen lassen.

Bilden Sie der Aussenkante der Latexform entlang einen Rahmen aus Knetmasse.

Giessen Sie den angerührten Gips langsam und gleichmässig hinein; wenn Sie zu schnell giessen, kann der Rahmen nachgeben. Klopfen Sie an die Unterlage, damit sich Luftblasen auflösen.

Wenn der Gips ausgehärtet ist, entfernen Sie den Rahmen aus Knetmasse, lassen Sie die ganze Form von der Unterlage gleiten, und drehen Sie sie um.

Halten Sie den Latexrand fest, und heben Sie den Fisch vorsichtig aus der Stützform. Das Latex ist recht kräftig und sehr flexibel, so dass man es ziehen und dehnen kann.

Ziehen Sie die Latexform ab, und waschen Sie sie in Seifenwasser. Legen Sie die Form wieder in die Gipsstützform.

Tip Für eine stabile Aufhängevorrichtung, giessen Sie einen Haken bereits beim Ausgiessen der Form mit Gips mit ein. Biegen Sie ein Stück Draht zurecht, und lassen Sie es von einem Rundhölzchen, das auf dem Rand der Stützform aufliegt, in die Gipsmasse hängen.

Pflege und Reparaturen

Egal, wie vorsichtig Sie auch sind – Unfälle passieren immer, und Gipsobjekte brechen besonders leicht. Doch verzweifeln Sie nicht, wenn eine Gipsform zerbricht oder beschädigt ist – alles kann repariert werden. Wir zeigen Ihnen hier zwei Techniken zum Reparieren von Gipsobjekten. Wenn das abgebrochene Stück noch vorhanden ist, ist die Lösung einfach. Im andern Fall wird das fehlende Teil aus Gips nachmodelliert.

Sekundenkleber

Risse und abgebrochene Teile lassen sich am einfachsten mit Sekundenkleber reparieren.

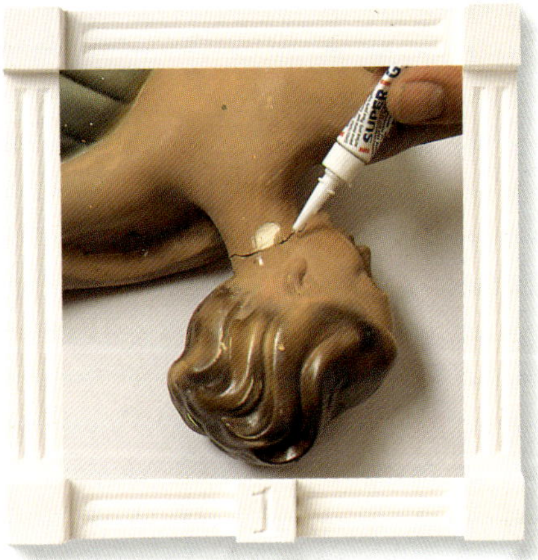

Feuchten Sie den Riss an, indem Sie einen nassen Pinsel hindurchziehen. Führen Sie die Tube mit leichtem Druck dem Riss entlang, so dass der Klebstoff in den Riss sinkt.

2

Pressen Sie die Teile zusammen, und halten Sie sie fest, während Sie gleichzeitig überschüssigen Klebstoff mit einem feuchten Tuch abwischen.

Befeuchten Sie die freiliegenden blossen Gipsflächen am Objekt und am abgebrochenen Teil.

Geben Sie ein wenig Sekundenkleber auf das abgebrochene Teil, und pressen Sie es ein paar Sekunden lang an seinen Platz, bis der Klebstoff fest geworden ist.

Gesundheit und Sicherheit

- Tragen Sie immer Handcreme auf und Gummihandschuhe darüber, wenn Sie mit Gips und Latex arbeiten, da diese Mittel die Haut reizen können. Waschen Sie Hautbereiche, die mit ihnen in Berührung kamen, mit Seifenwasser ab.
- Tragen sie eine Staubmaske, wenn die Luft mit Gipsstaub angefüllt ist.
- Arbeiten Sie wegen der Dämpfe, die aus Latex und Sprühfarben austreten, immer in gut belüfteten Räumen.
- Seien Sie im Umgang mit Skalpell und Metallschneidern vorsichtig, führen Sie die Schneidwerkzeuge immer vom Körper weg.

Neuen Gips auftragen

Abgebrochene Stücke gehen leicht verloren oder können in winzige Teile zerbrochen sein. In diesem Fall müssen neue Gipsschichten aufgetragen werden. Der freiliegende blosse Gips muss mit Wasser gründlich angefeuchtet werden, bevor neuer Gips aufgetragen wird. Sonst wird dem neu aufgebrachten Gips das Wasser entzogen, und er härtet nicht richtig aus. Verwenden Sie für Reparaturarbeiten einen weicheren Gips, der sich, sobald er abgebunden hat, leichter in die gewünschte Form bringen lässt.

Diese Figur enthält eine Drahtstütze, um die neuer Gips aufgebaut wird. Feuchten Sie die freiliegenden Gipsflächen an.

Mischen Sie den Gips an, und lassen Sie ihn andicken. Tragen Sie ihn mit einem Pinsel bis zur gewünschten Stärke um den Draht herum auf.

Wenn Sie die Form aufgebaut haben, gleichen Sie mit einem nassen Pinsel den Übergang zwischen dem ergänzten Teil und der Umgebung aus. Lassen Sie die Arbeit durchtrocknen.

Schmirgeln Sie den reparierten Bereich so zurecht, dass er wieder der ursprünglichen Form entspricht. Abschliessend wird der ausgebesserte Teil bemalt.

Aus dem Tierreich

Mit Hilfe von Papierschablonen lassen sich aus Modellierton oder Knetmasse leicht Reliefformen herstellen. Diese Technik wird beim Modellieren der Chamäleon-Uhr und der Bauernhoftiere verwendet. Wenn Sie sie beherrschen, können Sie alle möglichen Tiere und Formen herstellen. Der Teddybär wurde mit einer fertig gekauften Form gegossen und mit grosser Sorgfalt bemalt, um seine fein modellierte Oberfläche möglichst gut zur Geltung zu bringen. Die Löwen sind fertig gekaufte Gipsfiguren, deren Oberfläche so behandelt wurde, dass man den Eindruck gewinnt, sie seien der Witterung ausgesetzt gewesen.

Löwen

Vor dem Vatikan in Rom stehen zwei mächtige Löwenskulpturen. Dies sind Miniaturversionen davon, die so bearbeitet werden, dass sie die verwitterte Farbe der Originale aufweisen. Dazu wird Acrylfarbe mit verschiedenen Techniken aufgetragen und die Farbe schrittweise aufgebaut. Stellt man diese Löwen zu beiden Seiten der Haustür auf, strahlen Sie trotz der kleineren Grösse eine gewisse Grossartigkeit aus.

Material

Gipslöwen
Acrylfarbe: Ockergelb, Weiss, Siena natur und Chromoxydgrün

Werkzeug

kleine Schale
zum Mischen der Farbe
Pinsel
Zahnbürste
weitmaschiger Stoff
oder Naturschwamm

Tragen Sie auf die ganze Löwenfigur ockergelbe Farbe auf, so dass die Oberfläche vollständig bedeckt ist. Lassen Sie die Farbe trocknen.

Tauchen Sie einen Pinsel in weisse Farbe, streifen Sie sie auf einem Stück Papier etwas ab, so dass der Pinsel relativ trocken ist. Ziehen Sie ihn nun so über die Oberfläche, dass die Farbe auf den hervorstehenden Teilen haften bleibt.

Nun tauchen Sie den Pinsel in Siena natur und streifen die Farbe wiederum etwas ab. Halten Sie den Pinsel senkrecht, und tragen Sie die Farbe tüpfelnd auf. Ein ungleichmässiger Auftrag wirkt natürlicher.

Tragen Sie darüber erneut weisse Farbe ungleichmässig mit einem locker gewebten Tuch auf. Gestalten Sie so nach und nach die gesamte Oberfläche.

Rühren Sie grüne Farbe wässrig an, und spritzen Sie sie mit der Zahnbürste über die ganze Oberfläche. Spritzen Sie dann ebenso wässrige Farbe in Ockergelb auf.

Es gibt viele Metallicfarben, die äusserst realistische Ergebnisse hervorrufen. Dieser Löwe wurde mit einer Kupferfarbe bemalt, die gemahlenes Metall enthält. Für ein verwittertes Aussehen tragen Sie eine Schicht grüne Patinafarbe auf, solange die zweite Schicht Kupferfarbe noch klebrig ist.

Tiere vom Bauernhof

Dieses freistehende Schweinchen wurde aus einer einfachen Zeichnung entwickelt – illustrierte Kinderbücher sind dafür eine gute Inspirationsquelle. Das Schwein wird aus Modellierton geformt. Von dieser Form wird dann eine Latexform abgenommen. Die gegossene Gipsform wird entsprechend seiner stark stilisierten Form mit leuchtenden Farben bemalt.

Material

Modellierton
Kupferdraht
Kupferblech
Gips
Latex
Acrylfarbe: Rot, Gelb, Grün, Blau, Weiss und Schwarz
Goldpulver
Zelluloselack
Holzspiess

Werkzeug

Teigroller
Arbeitsbrett
Modellierwerkzeuge
Filzstift
kleine spitze Zange
Mixbecher für Gips
Schmirgelpapier
Pinsel
Palette

1

Rollen Sie Ton 2 cm dick aus.

Legen Sie eine Kopie der auf Seite 23 abgebildeten Schablone auf den Ton. Durchschneiden Sie den Ton mit einem Modellierwerkzeug genau den Umrissen der Schablone folgend.

Lassen Sie die Schablone auf dem Ton, und ziehen Sie die Linien der Schablone mit einem Modellierwerkzeug nach, so dass auf der Tonoberfläche Rillen entstehen.

Feuchten Sie den Ton an, und drücken Sie mit einem Modellierwerkzeug mit breitem Ende den Ton den Rillen entlang in schrägem Winkel ein, um die beiden hervortretenden Schenkel, Kopf und Ohren zu bilden.

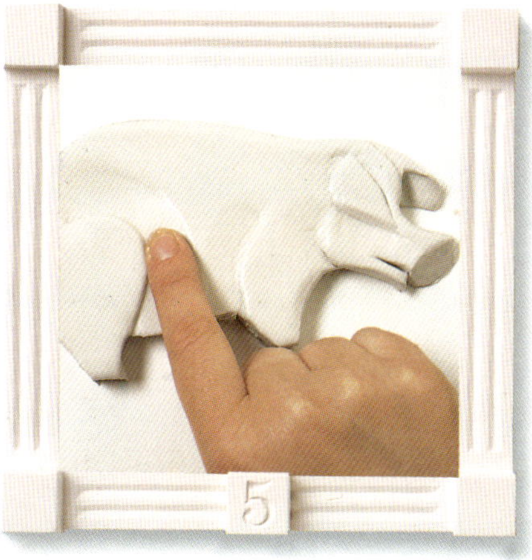

Arbeiten Sie auf dem feuchten Ton die Körperformen mit Modellierwerkzeug und Fingern heraus.

6

Wenn die Form fertig modelliert ist, stellen Sie davon eine Latexform her (siehe Seite 14–15).

Mit der Zange formen Sie eine Spirale aus Kupferdraht für den Schwanz. Biegen Sie den Draht zunächst im rechten Winkel und dann, wie in der Abbildung gezeigt.

8

Giessen Sie das Schwein aus Gips; giessen Sie den Schwanz mit ein, indem Sie ihn von einem Spiesschen, das auf beiden Seiten der Form aufliegt, herabhängen lassen (siehe Seite 15).

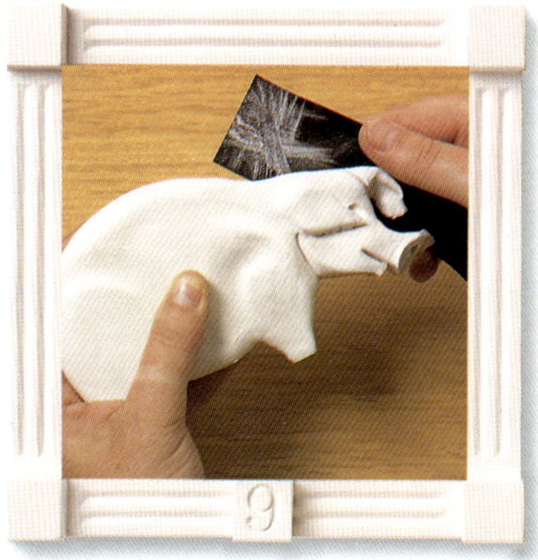

Glätten Sie die Kanten der durchgetrockneten Figur mit Schmirgelpapier. Nun können Sie das Schwein bemalen.

Fotokopieren oder pausen Sie diese Schablone ab. Natürlich können Sie auch eine eigene Zeichnung anfertigen.

Mischen Sie aus Rot und Weiss ein Rosa, mit dem Sie das ganze Schwein bemalen.

Tragen Sie weisse Farbe auf die Beine, den Rüssel und die Ohren auf.

Solange die Farbe noch feucht ist, tragen Sie etwas Rot in den Spalten zwischen Beinen und Körper auf, und lassen Sie die Farben ineinander übergehen. Tragen Sie in derselben Weise auf der gesamten Oberfläche stellenweise rote Farbe auf, um verschiedene Rosatöne zu erhalten.

Mischen Sie Schwarz und Weiss, und tragen Sie damit graue Flecken auf dem Körper auf. Wenn die Farbe trocken ist, lackieren Sie das Schwein mit Zelluloselack.

Um einen Hahnenkamm zu arbeiten, schneiden Sie aus einem Stück Kupferblech ein Dreieck aus. Machen Sie entlang der einen Kante eine Reihe von parallelen Einschnitten, so dass eine kammartige Wirkung entsteht.

Wenn Sie den Hahn mit einem Stab versehen, können Sie ihn als Blumentopfschmuck verwenden.

Die Kuh wird wie das Schwein mit Hilfe einer Schablone aus einer dicken Schicht Ton geformt und dann gegossen. Schleifen Sie an der fertigen Gipsfigur die Beine unten mit Schmirgelpapier ab, so dass sie frei steht.

Teddybär

Dieser Teddybär wurde mit einer fertig gekauften Gummiform gegossen. Die Figur ist fein modelliert und wurde mit grosser Sorgfalt dekoriert. Da man mit einer Form beliebig viele Bären giessen kann, können Sie mehrere mit jeweils anderer Bemalung herstellen. Dies ist eine gute Übung für das Bemalen detaillierter Oberflächen; eine ruhige Hand ist dafür erforderlich.

Verwenden Sie eine Kartonschachtel, in deren Deckel Sie ein Loch schneiden, um die Form zu fixieren. Giessen Sie sie mit Gips aus (siehe Seite 12–13).

Material

Gummiform
Gips
Acrylfarbe: Neapelgelb, Siena gebrannt, Gelb, Grün, Weiss, Schwarz, Rot und Blau

Werkzeug

kleine Schale zum Mischen der Farbe
Pinsel
Mixbecher für Gips

Bemalen Sie den Bärenkörper als Grundierung mit einer dünnen Schicht Neapelgelb, und lassen Sie die Farbe trocknen.

Tragen Sie darüber eine sehr wässrige Mischung von gebrannter Siena auf, so dass die Farbe in alle Rillen dringt. Achten Sie darauf, dass sich keine Tropfen bilden.

Malen Sie die Weste in leuchtendem Gelb. Tauchen Sie den Pinsel erneut in die gelbe Farbe, nehmen Sie den grössten Teil mit einem Lappen ab, und streichen Sie dann über den Körper, so dass nur die vorstehenden Punkte der Oberfläche die Farbe aufnehmen.

Mischen Sie die gelbe Farbe mit Weiss, so dass ein heller Ton entsteht, mit dem Sie nun Schnauze, Pfoten, Augen und das Innere der Ohren malen. Malen Sie senkrechte Streifen auf die Weste.

Malen Sie mit gebrannter Siena die Pupillen auf, mit Neapelgelb den Stern und mit Rot die Kreise auf dem Ball. Schliesslich malen Sie einen blauen Streifen um den Ball herum.

Dieser Teddybär hat ein schwarzes Fell und eine leuchtendrote Weste. Die starken Farben erzeugen eine ganz andere Wirkung als beim braunen Bären.

Chamäleon-Uhr

Veränderung ist das Thema dieser Uhr – so wie das Chamäleon die Farbe seiner Haut wechselt, ändert sich auch die Zeit ständig. Die Uhr wird mit Hilfe einer Schablone aus Modellierton geformt, dann davon eine Latexform hergestellt und mit Gips ausgegossen. Ein batteriebetriebenes Uhrwerk mit integrierter Aufhängevorrichtung kann man überall kaufen. Es wird auf der Rückseite der Uhr angebracht.

Material

Papier
Modellierton
Gips
Latex
Acrylfarben: Grün, Gelb und Blau
Goldpulver
Zelluloselack
Uhrwerk

Werkzeug

Teigroller
Modellierwerkzeuge
Filzstift
Mixbecher für Gips
Schmirgelpapier
Palette
Arbeitsplatte

1

Rollen Sie den Modellierton auf der Arbeitsplatte etwa 2 cm dick aus.

2

Zeichnen Sie Ihren Uhrenentwurf auf Papier, verwenden Sie dazu die unten abgebildete Chamäleon-Schablone.

3

Legen Sie die Uhrschablone auf den Ton, und durchschneiden Sie mit einem Modellierwerkzeug den Ton den Umrissen entlang. Schneiden Sie gemäss Schablone ein weiteres Chamäleon aus.

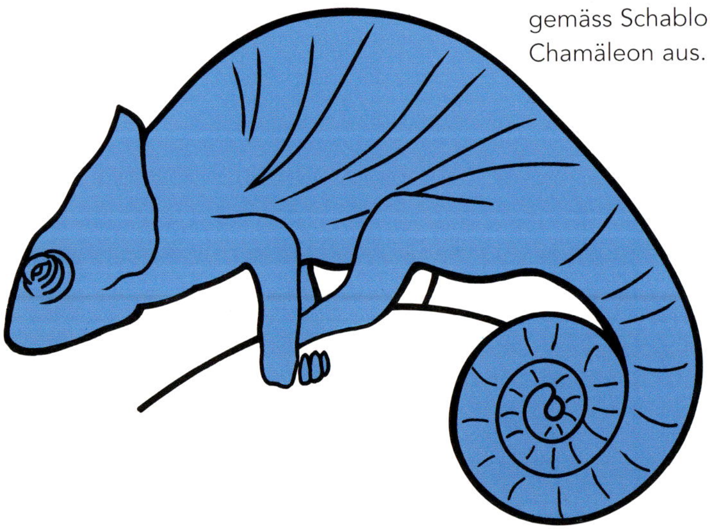

Lassen Sie die Schablonen auf dem Ton liegen, und ziehen Sie alle Linien mit einem Modellierwerkzeug nach, so dass Rillen auf der Tonoberfläche entstehen. Markieren Sie den Mittelpunkt der Uhr.

Legen Sie das zusätzlich ausgeschnittene Chamäleon auf eins der Chamäleons an der Uhr. Dies wird das obere Ende der Uhr. Verstreichen Sie mit einem Modellierwerkzeug die Schnittkanten der beiden Teile, so dass ein glatter Übergang entsteht.

Setzen Sie ein Modellierwerkzeug senkrecht auf der Markierung des Mittelpunkts auf, und vergrössern Sie das Loch durch eine Drehbewegung.

Feuchten Sie die Tonoberfläche an, und modellieren Sie die Chamäleonform, indem Sie sich nach den markierten Linien richten. Arbeiten Sie die Form mit dem nassen Finger stärker heraus.

Geben Sie der Körperoberfläche mit dem spitzen Ende eines Modellierwerkzeugs Struktur. Dafür muss nur wenig Druck ausgeübt werden.

Fahren Sie mit einem Modellierwerkzeug mit breitem Ende um den Innenrand der Uhr, so dass eine Abschrägung entsteht, die Sie mit nassen Fingern glätten.
Formen Sie das zweite Chamäleon aus.

10

Ist die Uhr fertig modelliert, stellen Sie davon eine Latexform her, und giessen Sie sie mit Gips aus (siehe Seite 14–15). Glätten Sie die Kanten der fertigen Gipsform mit Schmirgelpapier.

Malen Sie in dunklem Türkis Streifen auf den Körper des Chamäleons. Folgen Sie dabei den markierten Linien. Wenn die Farbe trocken ist, übermalen Sie einzelne Partien dieser Streifen mit einem helleren Türkis.

Tragen Sie zwischen den türkisen Streifen Gelb auf. Ein wenig orange Farbe, auf der einen Seite der gelben Streifen aufgetragen, verleiht dem Werk Tiefenwirkung. Bemalen Sie das zweite Chamäleon genauso.

Bemalen Sie das Zifferblatt mit mehreren Schichten blauer Farbe, bis die Fläche gleichmässig satt dunkel ist. Lassen Sie die einzelnen Schichten jeweils trocknen.

Bemalen Sie den Rand der Uhr und alle anderen verbleibenden Flächen lilafarben. Wenn die Farbe getrocknet ist, drehen Sie die Uhr um und bemalen die Rückseite mit blauer Farbe.

15

Tragen Sie in einem gut belüfteten Raum auf die ganze Uhr vorne und hinten eine Schicht Zelluloselack auf.

Mischen Sie etwas Goldpulver und Lack zu einer cremigen Masse, und malen Sie damit eine dekorative Randverzierung um die Uhr herum.

Zur Befestigung des Uhrwerks drücken Sie die zentrale Achse durch das Loch in der Mitte und schrauben die Zeiger fest.

Mark la Trobe
Ägyptische Katzen
Die marmorierte Wirkung entstand durch Einfärben des Gipses mit einem Farbstoff auf Wasserbasis. Die Farbe wurde nicht völlig mit dem Gips vermischt, sondern nur locker untergehoben.

Mark la Trobe
Drei Wandborde
Die Wirkung von altem Putz entsteht durch Bemalen mit verdünntem Möbelwachs, von dunkler Eichenfarbe bis hin zur Eierschalenfarbe von durchsichtigem Wachs.

Mark la Trobe
Weise Eule
Für die grossen Glasaugen wurden Löcher gebohrt, in die die Augen eingeklebt wurden. Um die Gipsform nicht zu beschädigen, darf der Bohrer nur mit niedriger Geschwindigkeit laufen.

Galerie

Tiere haben Künstler schon immer beschäftigt und schmückten seit jeher Gebäude und Brunnen. Hier sehen wir Katzen nach ägyptischem Vorbild, einen Greif und Löwenköpfe, die von altem architektonischem Schmuck inspiriert sind. Sie können wie der majestätisch daliegende Löwe, die weise Eule und die mit Hähnen verzierten Wandbilder reiner Schmuck sein oder zu nützlichen Dingen wie Buchstützen verarbeitet werden – Tiere sind immer wirkungsvoll und ausdrucksstark.

Mark la Trobe
Hundebuchstützen
Die fein modellierten und mit verdünntem Möbelwachs überzogenen Hunde sind für den Anfänger schwierig zu formen; sie können aber zu einer einfacheren Version inspirieren.

Pamela Stewart-Pearson
Zwei Hähne
Eine Holzschnitzerei war das Original für diese beiden Reliefarbeiten. Sie wurden mit Acrylfarben bemalt und anschliessend mit Wachs überzogen, das mit Gold eingefärbt wurde.

Mike Wells
Ruhender Löwe
Auf eine aufgesprühte Grundierung aus brauner Farbe wurde mit einem Tuch goldenes Wachs aufgetragen und nach dem Trocknen poliert.

Bernard Claydon
Greif und Löwenkopf
Die Figuren wurden zuerst in Ton modelliert und von diesen dann Gussformen aus Silikongummi hergestellt. Die türkis und grünspanartige Bemalung wurde mit der Spritzpistole ausgeführt.

Mark la Trobe
Löwenkopf
Vorlage für diese Form war eine Brunnenfigur – ein Beispiel für die vielen klassischen Skulpturen, die heute als Gussformen für Gipsarbeiten erhältlich sind.

Aus der Natur

In diesem Kapitel geht es um eine möglichst naturgetreue Bemalung der Gipsformen. Von einem Fossilienfund wird eine Latexform abgenommen, ausgegossen und dann dem Original entsprechend bemalt. In Pressformtechnik entsteht ein attraktives Wandbild mit kleinem Gemüse. Knetmasse wird zu einem Sonnenblumenkerzenhalter und einem dekorativen Stab für den Blumentopf geformt und nach ihrem Vorbild in der Natur mit leuchtenden Farben bemalt. Mit fertig gekauften Gummiformen werden verschiedene Früchte gegossen, die täuschend echt bemalt werden. Anhand der Dekoration der fertig gekauften Gipsgirlande wird die Herstellung feiner Farbübergänge erläutert und auch eine Metallimitation vorgestellt, um die unterschiedliche Wirkung der Bemalung zu zeigen.

Fossil

Von einem Fundobjekt – einem Fossil – wurde eine Latexform abgenommen, die dann mit Gips ausgegossen wurde. Zunächst müssen Sie entscheiden, welche Seite des Fossils sich am besten zum Abguss eignet. Wir versuchen dann die Farbgebung des Originals so genau wie möglich wiederzugeben. Das fertige Fossil ergibt ein attraktives Schaustück oder einen praktischen Briefbeschwerer.

Granitsprays sind überall erhältlich. Dieses Fossil wurde mit blauem Granitspray besprüht. Die Rillen wurden mit schwarzer Farbe betont.

Material

Fossil
Knetmasse
Gips
Latex
Acrylfarbe: Schwarz, Weiss und Gelb
Schlämmkreidepulver
blauer Granitspray

Werkzeug

Mixbecher für Gips
Pinsel
Zahnbürste
Schwamm
kleine Schale zum Mischen der Farbe
Arbeitsplatte

1

Füllen Sie allfällige Hohlräume mit Knetmasse aus, und bilden Sie mit Knetmasse einen Sockel bis etwa auf die halbe Höhe des Fossils.

2

Nun können Sie davon eine Latexform herstellen und diese mit Gips ausgiessen (siehe Seite 14–15). Durchtrocknen lassen.

3

Mischen Sie weisse und schwarze Acrylfarbe zu einem Mittelgrau, und bemalen Sie damit die Oberfläche des Abgusses. Lassen Sie die Farbe trocknen.

Tupfen Sie schwarze Acrylfarbe mit einem Schwamm auf die Oberfläche auf. Verwenden Sie dazu möglichst eine unregelmässige, ausgefranste Kante des Schwammes.

Stellen Sie eine wässrige Mischung von hellem Grau her, und bespritzen Sie damit mit der Zahnbürste die Oberfläche. Lassen Sie die Farbe trocknen.

Tragen Sie eine Schicht wässrige gelbe Farbe auf. Während diese noch nass ist, tupfen Sie mit einem Schwamm Schlämmkreidepulver darüber. Lassen Sie die Farbe trocknen.

Entfernen Sie die überschüssige Schlämmkreide mit einem feuchten Schwamm.

Blumengirlanden

Die rohe Gipsform einer Girlande aus Schleifen, Früchten und Blumen wird so bemalt, dass ein leuchtend bunter Raumschmuck entsteht. Sie wirkt für sich allein, kann aber auch mit weiteren Girlanden zu einer Girlandenkette verbunden werden, die sich über eine ganze Wand hinzieht. Die naturalistisch bemalte Sonnenblume kann mit anderen Schmuckelementen ebenfalls zu einer Art Girlande verbunden werden.

Material

fertige Gipsgirlande
Sonnenblume aus Gips
Acrylfarben: Grün, Karmesinrot, Gelb, Blau, Braun und Weiss

Werkzeug

Palette
Pinsel

Bemalen Sie die einzelnen Elemente der Girlande mit leuchtenden Farben. Dunkles Orange wurde über hellem Orange aufgetragen und dann sanft ineinanderfliessend vermischt.

Gehen Sie systematisch vor und verwenden Sie für die gleichen Dinge (Trauben, Äpfel) immer dieselbe Farbe.

Je mehr Elemente der Girlande bemalt sind, desto intensiver wirken die Farben durch Kontrast oder gegenseitige Verstärkung.

Schleifen in leuchtendem Rot an beiden Enden der Girlande bilden einen starken kompositorischen Akzent in dieser mehrfarbigen Dekoration.

Mischen Sie Grün und Weiss, und bemalen Sie die Blätter damit. Tragen Sie ein dunkleres Grün in den Vertiefungen auf, und geben Sie einen Tupfer Weiss auf die Blattspitzen. Malen Sie die Blütenblätter gelb an.

Tragen Sie etwas Weiss auf die Spitzen der Blütenblätter auf, und schaffen Sie einen fliessenden Verlauf, so dass die Farbe von den Spitzen der Blütenblätter bis zu ihrem Ansatz langsam dunkler wird.

Für diese Variante wurde über eine Grundierung mit Bronzefarbe mit einem relativ trockenen Pinsel rubinrote Metallicfarbe aufgetragen, so dass nur die vorstehenden Partien die Farbe aufnehmen.

Früchte

Früchte sind seit Jahrhunderten ein beliebtes Thema für Künstler. Hier werden mit fertig gekauften Gussformen Abgüsse hergestellt und dann mit Acrylfarben bemalt. Um den Früchten ein naturalistisches Aussehen zu geben, werden auf die einzelnen Früchte viele verschiedene Abtönungen einer Farbe aufgetragen und dann fein ineinanderfliessend vermischt. Dies ist eine gute Möglichkeit, das Mischen von Farben zu üben. Nehmen Sie sich während der Arbeit ein paar echte Früchte als Modell.

Material

Gummiformen
Gips
Acrylfarbe: Grün, Gelb, Blau, Rot und Weiss
Zelluloselack

Werkzeug

Mixbecher für Gips
kleine Schale zum Mischen der Farbe
Pinsel

Giessen Sie die Formen mit Gips aus (siehe Seite 12–13), und lassen Sie sie durchtrocknen.
Mischen Sie für die Birne eine Grundierung aus Grün und Weiss. Lassen Sie die Farbe trocknen.

Tragen Sie verschiedene Grüntöne auf: Mit Blau wird der Ton dunkler, mit Gelb wird er aufgehellt.

Tragen Sie Flecken in verschiedenen Tönen auf, um die Farbgebung der Birnenschale nachzuahmen.

Bemalen Sie die Oberfläche der Birne mit Zelluloselack. Achten Sie auf eine gleichmässige Pinselführung und darauf, dass keine Farbe herabtropft.

Ebenso werden die anderen Früchte bemalt: Die Grundfarbe für die Orange ist eine Mischung aus Rot und Gelb; für den Apfel ist es Rot. Tragen Sie weisse Glanzlichter und dunkel abgetönte Bereiche auf, und achten Sie dabei auf harmonische Übergänge. Tragen Sie zuletzt wiederum eine Schicht Zelluloselack auf.

Anstelle von Zelluloselack können Sie einen Lack auf Ölbasis, beispielsweise Mixtion à dorer, auftragen und dann eine Schicht Gummiarabikum. Auf diese Weise erhalten Sie eine rissige Lackschicht.

Sonnenblumen

Mit verschiedenen Modellierwerkzeugen wird eine Sonnenblume aus Knetmasse geformt. Anschliessend wird davon eine Latexform hergestellt, die beliebig viele Abgüsse erlaubt – jeder Abguss kann anders dekoriert werden. Der Kerzenhalter ist eine schöne Tischdekoration; auf einen Stab gesteckt, entsteht ein ungewöhnlicher Schmuck für einen Blumentopf – er verleiht Farbe, wenn eine Pflanze gerade nicht blüht.

Material

Knetmasse
Latex
Gips
Acrylfarbe: Turner-Gelb, Kadmiumgelb, Kadmiumrot, Blau, Grün und Weiss
Rundholz

Werkzeug

Arbeitsbrett
Modellierwerkzeuge
Teigroller
Mixbecher für Gips
Pinsel
kleine Schale zum Mischen der Farbe
leere Klebstreifenrolle, Filmhülse o.ä.

Kneten Sie die Knetmasse durch und formen Sie eine Halbkugel. Drücken Sie die Klebstreifenrolle in die Mitte, so dass eine Aushöhlung für die Kerze entsteht. Sie können auch irgendein anderes Objekt mit dem richtigen Durchmesser verwenden.

Formen Sie ein Stück Knetmasse zu einem Blatt, und biegen Sie das untere Ende nach unten um. Zeichnen Sie die Blattadern mit einem Modellierwerkzeug. Befestigen Sie das Blatt fest am Grundelement.

Formen Sie aus Knetmasse eine kleine Kugel. Drücken Sie sie an einer Seite zusammen, und ziehen Sie sie lang, so dass ein Blütenblatt entsteht. Formen Sie alle weiteren Blütenblätter, und ordnen Sie sie um das Grundelement an. Befestigen Sie sie gut.

Verstreichen Sie mit einem Modellierwerkzeug alle Übergänge zwischen den einzelnen Teilen. Stechen Sie mit einem spitzen Werkzeug im mittleren Halbrund Löcher ein.

Diese kleinere Sonnenblume ist aus ähnlichen Formen, aber ohne grosses Blatt gebildet. Wenn die Blume aus Gips gegossen ist, bohrt man ein Loch für den Rundholzstab. Nun stellen Sie von beiden Blumen Latexformen her (siehe Seite 14–15).

Giessen Sie die Formen mit Gips aus. Mischen Sie Turner-Gelb und Kadmiumgelb mit einer Spur Rot, und bemalen Sie die Blütenblätter der Sonnenblumen.

Tragen Sie Grün auf das Blatt und das Rundholz auf. Mischen Sie Braun, indem Sie Blau und Rot zur gelben Farbe geben, und bemalen Sie die Blütenmitte damit. Für die Tiefenwirkung tragen Sie auf die erhabenen Partien der Blütenblätter etwas Weiss und auf die zurücktretenden Bereiche ein dunkleres Gelb auf; auf das Blatt kommt ein helleres Grün.

Wandbild mit kleinem Gemüse

Für dieses attraktive Wandbild werden in Pressformtechnik kleine Gemüse in Gips gegossen. Dazu wird von jeder Gemüsesorte ein Stück mit Knetmasse umwickelt, um ein Negativ der Form mit allen Oberflächendetails zu erhalten. Wenn die Knetmasseformen vorsichtig behandelt werden, kann man sie viele Male wiederverwenden.

Material

Knetmasse
Gips
locker gewebter Leinen- oder Baumwollstoff
kleine Gemüsesorten
Pflanzenöl
Acrylfarben entsprechend den Gemüsesorten, Braun
glänzender und matter Lack
Draht

Werkzeug

Küchenmesser
Schere
Arbeitsplatte
Holzabfälle
U-förmige Stifte (Agraffen, Krampen), 5 cm lang
Teigroller
Pinsel
Mixbecher für Gips
Palette

Rollen Sie Knetmasse etwa 1,5 cm dick aus und drücken Sie den Maiskolben darauf. Legen Sie die Knetmasse um das Gemüse herum, und drücken Sie sie kräftig an.

Schneiden Sie die Knetmasse, wo die Kanten aufeinanderstossen, gerade ab. Öffnen Sie die Form gerade so weit, dass der Maiskolben entfernt werden kann. Dann schliessen Sie die Knetmasseform wieder.

Pinseln Sie die Form mit Pflanzenöl ein, und füllen Sie sie mit Gips. Wenn der Gips fest geworden ist, öffnen Sie die Knetmasseform vorsichtig, um die Gipsform herauszunehmen. Die übrigen Gemüse werden nach demselben Verfahren geformt.

Stellen Sie einen Rahmen her, der um die Arbeitsplatte herum passt. Verbinden Sie ihn – wieder lösbar – mit U-förmigen Stiften. Versiegeln Sie den Spalt zwischen Arbeitsplatte und Rahmen mit Knetmasse.

Schneiden Sie ein Stück locker gewebten Stoff etwas kleiner als die Innenfläche zu. Streichen Sie die Arbeitsplatte und die Innenseiten des Rahmens mit Pflanzenöl ein.

Giessen Sie Gips in den Rahmen. Solange der Gips noch nass ist, legen Sie den Stoff darauf, und drücken Sie ihn vorsichtig etwas unter die Oberfläche.

Biegen Sie zwei Drahtstücke zu Haken. Legen Sie sie in den nassen Gips. Heben Sie dazu den Stoff vorsichtig an, schieben Sie die beiden Haken darunter und stützen Sie sie mit der Rundung auf dem Rahmen ab.

8

Lösen Sie die Gipsplatte nach dem Trocknen aus dem Rahmen, indem Sie diesen auseinandernehmen. Ordnen Sie die Gemüse in einer hübschen Komposition auf der Tafel an, und markieren Sie ihre Position.

9

Ritzen Sie mit einem Küchenmesser die Unterseite der einzelnen Gemüse und die Stellen, an denen sie angebracht werden sollen, auf der Tafel kreuz und quer ein. Dies sorgt für guten Halt.

Mischen Sie eine kleine Menge Gips; er sollte die Konsistenz von Quark haben. Tragen Sie ein wenig Gips auf einen der angeritzten Bereiche auf der Tafel auf, und drücken Sie die entsprechende Gipsform darauf. Befestigen Sie in dieser Weise alle Gemüseformen.

Entfernen Sie überschüssigen Gips rund um die Gemüseformen mit einem Modellierwerkzeug.

Bestreichen Sie die Übergänge zwischen den Gemüseformen und der Tafel mit nassem Gips. Lassen Sie ihn gründlich trocknen.

Bemalen Sie den Hintergrund in Imitation einer Holzmaserung: Tragen Sie dazu verschiedene Brauntöne mit langen, ununterbrochenen Pinselstrichen auf. Malen Sie ein paar kreisförmige Astlöcher auf.

Tragen Sie auf die Karotten orange Farbe auf. Malen Sie einige rote und weisse Ringe quer darüber, um den Eindruck von Dellen zu geben und Glanzpunkte zu setzen.

Malen Sie die Tomaten und Chilischoten dunkelrot und den Zuckermais gelb, und tragen Sie nach dem Trocknen etwas weisse Farbe auf die erhabenen Stellen auf.

Malen sie die Stiele der Chilischoten grün und die Blätter des Blumenkohls in zwei Grüntönen, die Blattrippen heller als der Rest.

Bemalen Sie die Okraschoten in denselben Grüntönen. Tragen Sie auf die erhabenen Partien ein dunkles Grün auf. Bemalen Sie die Zwiebeln mit senkrecht verlaufenden Pinselstrichen in verschiedenen Braun- und Rottönen.

Lackieren Sie das Brett und Gemüse wie Okra oder Pilze mit einem matten Lack, Tomaten, Chilischoten und ähnliches mit einem glänzenden Lack.

The Works
Spiegel mit Steinrahmen
Für diesen Spiegel wurden echte Kiesel aneinandergereiht und dann ein Gipsabdruck davon genommen, der ihre Textur noch widerspiegelt.

Sarah Williams
Wandrelief mit Spirale
Die leuchtenden Farben mittelalterlicher Buchillustrationen und Bilder aus der Volkskunst inspirierten zu diesem Relief. Es wurde mit Acrylfarben und Blattgold bemalt.

The Works
Spiegel nach Matisse
Für diesen Spiegelrahmen wurden die Blattmotive zunächst als negative Formen gegossen, dann mit farbigem Gips ausgegossen und nach dem Trocknen glattgeschmirgelt. Der Künstler hatte sich von den «Gouaches découpées» von Matisse inspirieren lassen.

Pamela Stewart-Pearson
Früchte und Blumen
Die Originalvorlage für dieses Relief war ein Holzschnitt. Der Gipsabdruck wurde mit Acrylfarbe bemalt und anschliessend vergoldetes Wachs aufgetragen.

Galerie

Die Natur ist Inspirationsquelle für viele Objekte. Der Spiegel mit Steinrahmen ist ein ausgezeichnetes Beispiel dafür, wie ausgehend von echten Materialien aus der Natur eine Gipsarbeit entsteht. Es ist interessant zu sehen, wie die beiden Spiegel mit Blattmotiven jeweils eine andere Variante der Blattform zeigen. Das zentrale Element des leuchtend bunten Reliefs ist die Spirale, ein altes Symbol des ewigen Kreislaufs. In anderen Gipsarbeiten werden Früchte und Blumen phantasiereich und äusserst wirkungsvoll eingesetzt.

Mark La Trobe
Girlande, Kranz und Obstschale
Dieser Wandschmuck wurde aus Ton modelliert. Anschliessend wurden davon Gussformen aus Silikongummi abgenommen und die Gipsformen hergestellt. Auf den Gips wurde helles Wachs aufgetragen und nach dem Trocknen glänzendpoliert.

The Works
Blattspiegel
Dieser Spiegelrahmen wurde kobaltblau bemalt, dann darauf mehrere Schichten Goldcreme aufgetragen, die man jeweils einen Tag trocknen liess. Anschliessend wurde er lackiert.

Dekorationen fürs Heim

Im Handel ist eine Vielfalt von Gipsrohlingen erhältlich, die nur noch dekoriert werden müssen. Die meisten davon basieren auf traditionellen klassischen Entwürfen, beispielsweise Säulen. Am Beispiel der Säule wird die komplizierteste Dekorationstechnik in diesem Buch vorgestellt: das Marmorieren. Die Wandleuchte nach einem klassischen Entwurf kann mit elektrischem Licht ausgestattet werden. Sie wird mit einem Antikanstrich versehen. Die traditionelle Lilie wurde aus Knetmasse modelliert, davon eine Latexform erstellt und diese mit Gips in verschiedenen Farben ausgegossen. Der Bilderrahmen und die Schleifen wurden mit verschiedenen auffallenden Mustern in leuchtenden Farben bemalt. Die Rosetten wurden mit Pulverfarbe eingefärbt und anschliessend mit einem Strukturanstrich versehen.

Gotischer Rahmen

Stellen Sie Ihr Lieblingsfoto oder Ihr Lieblingsbild in diesem auffallend dekorierten Rahmen zur Schau. Er wurde mit Acrylfarbe bemalt und mit Zelluloselack versiegelt. Es wurden nur die Primärfarben Rot, Blau und Gelb sowie Weiss verwendet. Anschliessend wurden mit Gold Glanzlichter gesetzt.

Material

Bilderrahmen aus Gips
Acrylfarben: Gelb, Rot, Blau und Weiss
Goldpulver
Zelluloselack

Werkzeug

kleiner Pinsel
Palette
kleine Schale
zum Mischen des Lacks

Beginnen Sie mit Gelb, malen Sie dann die türkis- und lilafarbenen Flächen. Es macht nichts, wenn Sie dabei über die Ränder hinausmalen.

Für die dunkelroten Flächen brauchen Sie eine ruhige Hand; es darf keine Farbe auf die bereits bemalten Flächen gelangen.

Malen Sie die verbleibenden Bereiche des Rahmens und die Rückseite dunkelblau. Achten Sie auf einen gleichmässigen Farbauftrag und darauf, dass keine Pinselstriche sichtbar sind. Wenn der Auftrag zu streifig ist, malen Sie nach dem Trocknen noch einmal darüber.

In einer kleinen Schale verrühren Sie etwas Lack mit Goldpulver zu einer cremigen Mischung. Betonen Sie damit einzelne Details.

Nehmen Sie neu Farbe auf, wischen Sie überschüssige Farbe auf einem Bogen Papier ab, bis der Pinsel relativ trocken ist. Tragen Sie nun mit leichtem Druck auf die erhabenen Partien des Rahmens Goldfarbe auf.

Lassen Sie die Farbe vollständig trocknen. Versehen Sie den ganzen Rahmen in einem gut belüfteten Raum mit einer Schicht Lack.

Mit Sekundenkleber wird das Glas und der Haken auf der Rückseite festgeklebt. Legen Sie das Bild von hinten auf das Glas und bedecken Sie es mit einem Stück Karton. Befestigen Sie Bild und Karton mit Klebeband.

Wandleuchte und Rosetten

Von architektonischen Details gibt es viele Gipsformen fertig zu kaufen; man braucht sie nur noch zu dekorieren, um sie als Schmuck fürs Heim einzusetzen. Die Wandleuchte wird so bemalt, dass sie antik wirkt. Rosetten sehen als Schmuck von Randleisten an der Decke oder am Tragbalken einer Tür besonders hübsch aus. Hier wird die glatte Oberfläche des Gipses durch eine körnige Struktur verfremdet.

Material

Wandleuchte aus Gips
Gipsrosetten
Antikwachs
Möbelpolitur
Terpentinersatz
Acrylgel mit körniger Struktur
Acrylfarben: Bronzegelb, Neapelgelb, Umbra gebrannt, Schwarz und Weiss

Werkzeug

kleines Glas
Pinsel
weiches Tuch
kleine Schale zum Mischen der Farbe

Verdünnen Sie Antikwachs mit Terpentinersatz, bis es flüssig genug ist, um es mit dem Pinsel auftragen zu können. Tragen Sie es auf den Gips auf. Achten Sie darauf, dass das Wachs keine Tropfspuren hinterlässt.

Nehmen Sie überschüssiges Wachs mit einem Tuch ab. Lassen Sie es trocknen.

Polieren Sie die ganze Oberfläche mit einem weichen Tuch.

Tragen Sie das Acrylgel gleichmässig auf die Oberfläche der Rosette auf. Mischen Sie Bronzegelb mit Neapelgelb, und grundieren Sie damit die Rosette. Tragen Sie darüber eine Lasur in einem dunkleren Ton auf.

Tupfen Sie in den Vertiefungen Umbra gebrannt auf. Verwischen Sie die Ränder mit einem trockenen Pinsel, bevor die Farbe zu trocknen beginnt. Wiederholen Sie dasselbe mit grauer Farbe. Tragen Sie mit relativ trockenem Pinsel ein Cremegelb auf die erhabenen Partien auf.

Feuchten Sie die rohe Gipsrosette an, und bestreuen Sie sie mit Pulverfarbe. Entfernen Sie das überschüssige Pulver nach zehn Minuten. Der angefeuchtete Gips wird einen Teil der Farbe absorbieren.

Lilien

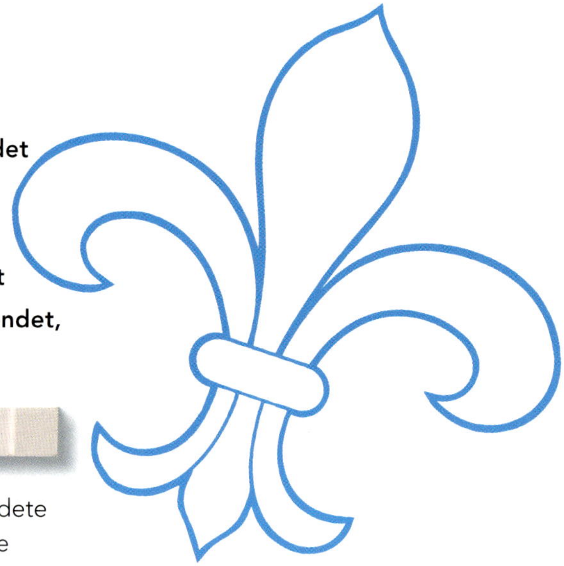

Das traditionelle Motiv der Lilie – ursprünglich in der Architektur verwendet – wurde im Laufe der Zeit zu einem wichtigen Symbol der ganzen abendländischen Kultur und findet sich beispielsweise auf Flaggen, Wappen, Stoffmustern und anderem mehr. Als Reliefmotiv lässt es sich ideal mit einer Latexgussform herstellen. Zum Giessen wird farbiger Gips verwendet, auf den dann Metallicfarbe aufgetragen wird.

Material

Knetmasse
Latex
Gips
rote, grüne und blaue
Pulverfarbe
silberne und goldene
Acrylfarbe oder Wachs
Terpentinersatz

Werkzeug

Bleistift
Modellierwerkzeuge
Pinsel
Mixbecher für Gips
Arbeitsplatte
kleine Schale
zum Mischen der Farbe

Kopieren Sie die rechts abgebildete Schablone. Legen Sie sie auf die Arbeitsplatte, und fahren Sie mit dem Bleistift um sie herum.

Bauen sie innerhalb der aufgezeichneten Kontur die Form mit Knetmasse auf. Fahren Sie mit einem Modellierwerkzeug den Umrisslinien entlang, so dass die Knetmasse genau mit der Linie abschliesst.

Modellieren Sie die Form weiter, indem Sie Knetmasse mit den Fingern auftragen und mit einem Modellierwerkzeug genau in Form bringen.

Wenn die Grundform der Lilie fertig ist, entfernen Sie mit der Klinge eines Modellierwerkzeugs mit breitem Ende die überschüssige Knetmasse so, dass eine glatte abgewinkelte Oberfläche entsteht. Arbeiten Sie mit einem feineren Werkzeug die kleineren Details der Form heraus.

5

Tauchen Sie einen Finger in Terpentinersatz, und fahren Sie über die Lilie, um die Oberfläche zu glätten. Jetzt können Sie davon die Latexform anfertigen (siehe Seite 14–15). Giessen Sie die Lilie mit blau-, grün- und rotgefärbtem Gips aus (siehe Seite 11).

Zur Ausgestaltung wird bei der blauen Lilie das mittlere Element mit Silberfarbe, bei der roten Lilie mit Goldfarbe bemalt. Bei der grünen Lilie wird auf jeweils eine der abgeschrägten Seiten Goldfarbe aufgetragen.

Schleifen

Schleifenmotive aus Gips sind in vielen verschiedenen Stilrichtungen erhältlich. Man kann sie einzeln als dekorative Elemente verwenden oder andere Gipsarbeiten, beispielsweise eine Girlande, damit zieren. Hier finden Sie drei Vorschläge in einem kühnen Scharlachrot, in gedämpfterem Blau und Gelb und in einem auffallenden Schottenkaro.

Material

Gipsschleifen
Acrylfarben: Blau, Violett, Karmesinrot, Ultramarinblau, Schwarz, Gelb und Hookersgrün

Werkzeug

Pinsel
kleine Schale zum Mischen der Farbe

Tragen sie das Grün als Grundierung auf. Denken Sie sich ein Schottenkaro aus. Es ist wichtig, die Streifen in einem sich regelmässig wiederholenden Muster aufzumalen.

Unser Schottenkaro besteht aus breiten ultramarinblauen Streifen mit feinen Streifenpaaren in Schwarz dazwischen.

Zum Schluss mischen Sie ein wenig Grün mit Gelb und malen ein Muster aus hellen Streifen auf die Schleife auf.

Bemalen Sie das Schleifenband auf der Vorderseite gelb und auf der Rückseite blau. Beachten Sie den Verlauf der Schleife genau, wenn Sie das Gelb auftragen. Tragen Sie in die Vertiefungen des Knotens braune Farbe auf.

Bemalen Sie die Rückseite des Schleifenbands mit Hellblau.

Malen Sie die ganze Oberfläche karmesinrot, und lassen Sie die Farbe trocknen. Tragen Sie in die Vertiefungen und auf die vorstehenden Bereiche des Knotens Violett auf.

Marmorierte Säule

Um diese Marmorierung zu erzielen, brauchen Sie Zeit und Geduld. Bevor Sie beginnen, machen Sie sich mit den verschiedenen Farbgebungen und Mustern unterschiedlicher Marmorarten vertraut – betrachten Sie Marmorböden und -wände von Gebäuden und Marmorskulpturen in Museen. Achten Sie auf Musterdetails, die Sie interessieren, und fertigen Sie eine Zeichnung Ihrer Gestaltungsidee an.

Material

Gipssäule
eierschalenfarbene Grundierung
Schmirgelpapier zum Nass- und Trockenschleifen
Lasurlack/Leinölfirnis
Ölfarben: Siena gebrannt, Siena natur, Chromgelb, Brillantrot, Weiss und Ultramarinblau
Terpentinersatz
Seidenlack
Bienenwachs

Werkzeug

Pinsel
Schweineborstenpinsel
Dachshaarpinsel
Zobelpinsel (Nr. 1)
Staubpinsel
Vogelfeder
Lappen
Zeitungspapier
weiches Tuch

Versiegeln Sie die Oberfläche der Säule, indem Sie zwei Schichten Grundierung auftragen. Lassen Sie die erste Schicht vor dem Auftrag der zweiten trocknen. Wenn die zweite Schicht trocken ist, glätten Sie die Oberfläche mit nassem und trockenem Schmirgelpapier. Reinigen Sie die Säule mit einem Staubpinsel.

Mit einem Tuch tragen Sie Lasurlack auf die gesamte Oberfläche der Säule auf: So bleibt die Farbe, die anschliessend aufgetragen wird, längere Zeit nass und kann in Ruhe bearbeitet werden, um die gewünschte Wirkung zu erzielen.

Verdünnen Sie Ölfarbe in Siena gebrannt mit Terpentinersatz, so dass eine sehr dünne Lasur entsteht. Tragen Sie sie zügig auf. Tragen Sie darüber eine dünne Schicht Lasur in Siena natur auf.

Solange die Farbe noch nass ist, tupfen Sie mit dem Schweineborstenpinsel über die Oberfläche, um eine weichere Wirkung zu erzielen. Streichen Sie mit dem Dachshaarpinsel in alle Richtungen leicht über die Farbe, um die Pinselmarkierungen zu verwischen.

Tauchen Sie etwas zusammengeknülltes Zeitungspapier in Terpentinersatz, und betupfen Sie damit die Oberfläche. Mit dem Dachshaarpinsel verwischen Sie die Übergänge.

Mischen Sie Siena gebrannt mit Chromgelb und stellen Sie eine dünne Lasur her. Tupfen Sie diese im unteren Bereich der Säule auf. Anschliessend verwischen Sie die Übergänge, indem Sie mit dem Schweineborstenpinsel in alle Richtungen tupfen. Dieser dunklere Ton verleiht dem unteren Bereich der Säule optisch mehr Gewicht.

Bevor Sie mit dem Marmorieren beginnen, fertigen Sie als Richtschnur eine Zeichnung der Säule mit der gewünschten Dekoration an.

Mischen Sie Rot, Siena gebrannt und eine Spur Ultramarinblau mit Terpentinersatz und ein wenig Lasurlack. Mit dem Zobelpinsel tragen Sie damit zwischen den hellen und dunklen Flächen Adern auf.

Tupfen Sie mit dem Schweineborstenpinsel über die Adern, und verwischen Sie sie dann leicht mit dem Dachshaarpinsel, indem Sie dem Verlauf der Adern folgen. Malen Sie weitere Adern auf.

Zur Abwechslung nehmen Sie mit einer Seite des Pinsels Ultramarinblau und mit der anderen Seite eine Mischung aus Siena natur und Siena gebrannt auf. Verdünnen Sie die Farben stärker, um einen helleren Ton für diese feineren Adern zu erhalten.

Folgen Sie dem Verlauf der grossen Adern, und malen Sie feine Adern in bläulichem Ton aus einer Mischung von Siena gebrannt und Ultramarinblau auf. Tupfen und verwischen Sie sie mit dem Schweineborsten- und dem Dachshaarpinsel.

Feuchten Sie einen Lappen mit Terpentinersatz an, und wischen Sie um die Adern herum grössere und kleinere Flächen der Grundfarbe ab, bis der weisse Gips sichtbar wird.

12

Tauchen Sie eine Vogelfeder in eine dünne Lasur aus Ölfarbe, und ziehen Sie sie mit einer zittrigen Bewegung über die Oberfläche. Dies ergibt eine sehr subtile Wirkung.

13

Bemalen Sie die ganze Säule mit einer Lasur aus Siena natur. Tupfen und verwischen Sie sie wie zuvor mit dem Schweineborsten- und dem Dachshaarpinsel und lassen Sie das Ganze trocknen. Tragen Sie eine Schicht Seidenlack auf.

14

Anschliessendes Polieren mit Bienenwachs verstärkt alle Farben und bringt noch sichtbare Pinselstriche zum Verschwinden.

Mark la Trobe
Schleifen
Eine Wachsschicht erzeugt eine äusserst wirkungsvolle und dennoch leicht herzustellende Antikoberfläche.

Funky Eclectica
Spiegel mit Zinnrahmen
Dieser Spiegel geht auf Jugendstil-Entwürfe zurück. Das Original wurde aus Holz und Gips hergestellt. Anschliessend wurde davon eine Silikonform abgenommen. Zum Bemalen wurde Silber- und Bronzepulver verwendet.

Galerie

Gips wird schon seit langem als Baumaterial verwendet. In den verschiedenen Epochen entstand eine Vielfalt von architektonischen Gestaltungen, die uns als Vorlage dienen können. Kapitell, Rosette und Wandbord wurden klassischen Originalen direkt nachempfunden; die Schleifen sind ein traditionelles Schmuckelement, haben hier aber einen modernen Einschlag; einer der Spiegel ist vom Jugendstil inspiriert, während der andere Gestaltungsformen der Kirchenarchitektur aufnimmt; gotische und barocke Traditionen waren Inspirationsquelle für die Dose und die kleinen Plaketten.

Clifton Little Venice
Rosette und ionisches Kapitell
Diese klassischen architektonischen Formen, in leicht eingefärbtem und rohem weissem Gips gegossen, können einen Raum völlig verändern.

Mirabilis Design
Kerzenhalter mit Spiegel
Formen der Sakralarchitektur aus dem zehnten Jahrhundert waren Vorbild für diesen mit Spiegeln versehenen Kerzenhalter. Er wurde zuerst in Ton modelliert und dann davon eine Latexform abgenommen. Die Oberfläche wurde mit Acrylfarbe versehen.

Ofer Acoo
Gotische
Wandplaketten
Aus einem Interesse für die gotische Architektur entstanden diese Reliefs. Sie wurden mit Acrylfarben bemalt und mit goldenen Glanzlichtern versehen.

Funky Eclectica
Barockrelief
Der Künstler modellierte dieses Relief in Ton und goss die Form dann mit Gips aus. Die reiche Verzierung wurde mit getöntem Schellack- und Bronzepulver erzielt.

Aus der Meereswelt

Die in diesem Kapitel eingesetzten Farbwirkungen sind der glitzernden und schimmernden Wirkung des Wassers und seiner Bewohner nachempfunden. Den Seestern und die Kammuschel kann man fertig kaufen. Sie wurden mit Perlfarben bemalt. Eine besondere Technik wurde bei einer der Muschelkacheln angewendet: sie wurde mit einem Teebeutel gefärbt. Muscheln und tropische Fische zeigen, wie mit Latexformen die unterschiedlichsten feinen Oberflächenstrukturen nachempfunden werden können. Der Fisch links aussen wurde in einer gekauften Form gegossen und mit verschiedenen Lasurschichten dekoriert, um die Wirkung der Fischschuppen nachzuahmen.

Seestern und Kammuschel

Seestern und Kammuschel wurden in Komplementärfarben bemalt und dann mit Perlfarbe und Glimmer dekoriert. Beide Formen haben eine flache Rückseite: Man kann einen Haken ankleben, um sie an die Wand zu hängen, oder sie als Schmuckobjekte so, wie sie sind, auf einem Bord anordnen. Man kann auch von jeder Form mehrere herstellen und sie als Wandfries aufhängen.

Tupfen Sie in die Einbuchtungen auf den Rippen Perlweiss.

Material

Seestern aus Gips
Kammuschel aus Gips
Acrylfarben: Blau, Gelb, Rot und Weiss
Perlweiss
blaues Glimmergel
Goldwachs

Werkzeug

Pinsel
kleine Schale zum Mischen der Farbe
Tuch

Mischen Sie ein dunkles Orange und tragen Sie eine grosszügige Schicht auf die gesamte Oberfläche des Seesterns auf.

Malen Sie die Kammuschel blau an, und lassen Sie sie trocknen. Reiben Sie ein dunkleres Blau auf die Grundierung auf.

Reiben Sie etwas blaues Glimmergel auf die Oberfläche, und lassen Sie es trocknen.

Dieser Seestern wurde mit rosafarbener Perlfarbe bemalt und darauf mit leichten Wischbewegungen Goldwachs aufgetragen. Nach dem Trocknen wird der Seestern mit einem weichen Tuch poliert.

Reiben Sie etwas Goldwachs in die Rillen und auf die vorstehenden Flächen.

Als Alternative kann die Muschel mit türkisfarbener Perlfarbe bemalt und anschliessend mit Goldwachs dekoriert werden.

Fliegender Fisch

Dieses Fischrelief wurde mit Hilfe einer fertig gekauften Hartplastikform gegossen, die beim Aushärten des Gipses nicht abgestützt werden musste. Der Fisch wurde mit Acrylfarben dekoriert. Die Farbe des Körpers wurde schichtweise mit Lasuren (wässrigen Farbmischungen) aufgebaut und ahmt die Fischschuppen täuschend echt nach.

Material

Plastikgussform
Gips
Acrylfarben: Blau, Gelb, Gelbgrün und Rot
Zelluloselack

Werkzeug

Mixbecher für Gips
kleine Schale zum Mischen der Farbe
Pinsel

Mischen Sie eine graue Lasur, und bemalen Sie damit den Körper des Fisches.

Mischen Sie eine orangefarbene Lasur, mit der die Flossen, Kiemen und Lippen gemalt werden. Achten Sie darauf, dass Sie mit der Farbe nicht auf den Fischkörper gelangen.

Mit Dunkelrot betonen Sie die Details der Flossen.

Malen Sie mit gelbgrüner Lasur über die Schuppen, um Glanzlichter zu setzen.

Tragen Sie stellenweise blaue Lasur auf die Schuppen auf, um die Farbe zu brechen und ihr Tiefe zu geben. Malen Sie das Auge.

Versehen Sie die Fische mit einer abschliessenden Lackschicht, um die Oberfläche zu schützen und die schimmernde Wirkung der Schuppen wiederzugeben.

Modellierte Muschel

Eine stilisierte Muschelform wird so dekoriert, dass sie an eine glitzernde Muschel am Strand erinnert. Zuerst wird die Muschel aus Knetmasse als Relief modelliert, das heisst mit flacher Unterseite, so dass sich davon eine einteilige Latexform herstellen lässt. Jeder Gipsabdruck kann nach demselben Prinzip, aber mit jeweils anderer Grundfarbe bemalt werden. Hängt man einige dieser Muscheln zusammen im Badezimmer auf, werden sicherlich Erinnerungen ans Meer wach ...

Material

Knetmasse
Latex
Gips
Briefklammer
blaue Perlfarbe
blaue Acrylfarbe
Goldwachs
Goldglimmer

Werkzeug

Modellierwerkzeug
Pinsel
Tuch
Mixbecher für Gips
Schale zum Mischen der Farbe

Kneten Sie die Knetmasse gut durch, so dass sie weich wird, und formen Sie eine längliche Muschel. Bohren Sie an einem Ende mit den Fingern eine Öffnung.

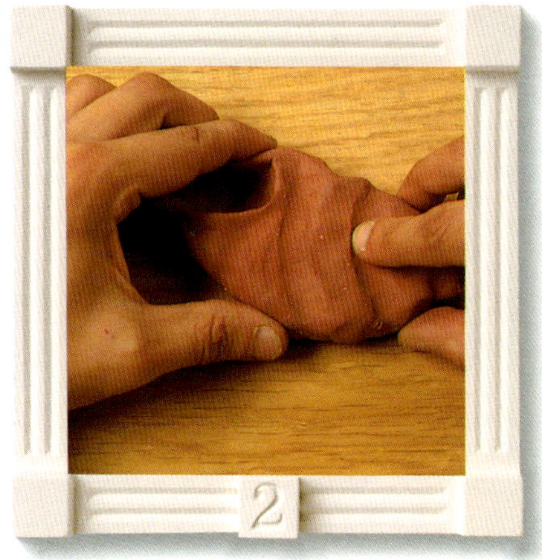

Legen Sie die Form auf die Arbeitsfläche, und drehen Sie sie mit leichtem Druck hin und her, um die Unterseite abzuflachen. Drücken Sie die Knetmasse mit den Fingern ein, um die von der Öffnung bis zur Muschelspitze um die Muschel herumlaufende Einbuchtung zu bilden.

Rollen Sie Knetmasse zu sehr dünnen Bändern aus, und legen Sie diese auf die vorstehenden Wülste der Muschel. Drücken Sie mit der Klinge eines Modellierwerkzeugs Mulden in die Oberfläche.

4

Nun können Sie die Latexform herstellen und anschliessend mit Gips ausgiessen; giessen Sie einen Haken zum Aufhängen mit ein (siehe Seite 14–15).

Sie können die Muschel auch blau bemalen und auf die noch feuchte Farbe Goldglimmer streuen. Schütteln Sie überschüssigen Glimmer nach dem Trocknen ab.

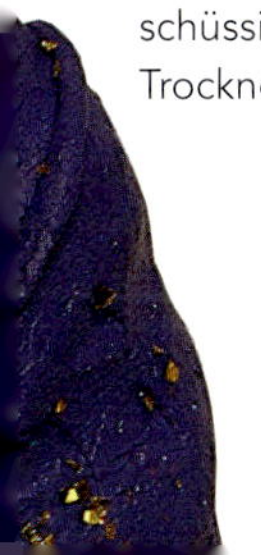

Bemalen Sie die Muschel mit einer gleichmässigen Schicht blauer Perlfarbe. Achten Sie darauf, dass die Farbe nicht tropft. Lassen Sie die Farbe trocknen.

Tauchen Sie ein Tuch in Goldwachs, und reiben Sie damit leicht über die Oberfläche, so dass die Farbe auf den erhabenen Teilen der Muschel haften bleibt.

Nach dem Trocknen polieren Sie die Muschel mit einem weichen Tuch. Der Perlglanz der Farbe und das Gold schimmern besonders schön, wenn Licht auf die Muschel fällt.

Muschelkacheln

Diese Muschelkacheln können zwischen einfarbigen Kacheln an der Badezimmerwand angebracht werden. Perlfarben erzeugen einen schimmernden Glanz; Craquelé-Glasuren erinnern an alte Gemälde und Kunsthandwerk; das Färben mit einem Schwarztee- oder Früchteteebeutel verleiht einen subtilen, ungewöhnlichen Effekt. Kacheln können fertig gekauft oder nach derselben Methode wie beim Wandbild mit kleinem Gemüse hergestellt werden (siehe Seite 46–48).

Material

Gipskacheln
Teebeutel
Antikwachs
Möbelpolitur
Terpentinersatz
Mixtion à dorer
Gummiarabikum
Acrylfarben: Blau, Rosa und Weiss
weisse Perlfarbe

Werkzeug

kleine Schale zum Mischen der Farbe
Pinsel
kleines Glas
weiches Tuch

Bemalen Sie den Hintergrund einer fertigen Kachel mit einer grosszügigen Schicht Blau.

Solange die Farbe noch feucht ist, tragen Sie mit einem sehr nassen Pinsel mit weisser Perlfarbe Farbwirbel auf.

Mischen Sie Rosa mit Perlweiss, verdünnen Sie die Farbe zu einer Lasur, und tragen Sie sie auf drei der Muscheln auf. Mischen Sie Blau mit Perlweiss, und tragen Sie die Farbe auf die drei anderen Muscheln auf. Schaffen Sie mit Wasser feine Übergänge zum Hintergrund.

Bearbeiten Sie die Oberfläche der Muschel nach demselben Verfahren wie die Wandleuchte Seite 58. Tragen Sie eine Schicht Mixtion à dorer auf, und lassen Sie sie trocknen. Tragen Sie darüber eine Schicht Gummiarabikum auf.

Bemalen Sie die Kachel mit blauer Farbe. Es werden sich sofort Risse bilden und eine eigenwillige wie handgemalte Wirkung ergeben. Für weniger starke Risse tragen Sie die Farbe zuerst auf.

Giessen Sie heisses Wasser über einen Teebeutel, und betupfen Sie damit die Oberfläche. Tauchen Sie den Beutel immer wieder ins Teewasser, damit er feucht bleibt und erneut den Teefarbstoff aufnimmt.

Tropenfische

Hier werden zwei Methoden zur Herstellung eines Reliefs vorgestellt. Das Fischrelief wird direkt in Ton modelliert. Dabei kann man mit Modellierwerkzeugen experimentieren und verschiedene Oberflächenstrukturen ausprobieren. Für das Aquarium werden einfache Wellen- und Fischformen aus Schichten von Knetmasse ausgeschnitten und in einem Holzrahmen in Position gebracht. Denken Sie daran, dass Sie immer verkehrt herum arbeiten: was sich während der Herstellung rechts befindet, wird im Abguss links erscheinen.

Material

Knetmasse
Modellierton
Latex
Gips
Draht
Pflanzenöl
Acrylfarben: Rot, Türkis, Blau und Weiss
Goldpulver
Zelluloselack

Werkzeug

Teigroller
Arbeitsplatte
Modellierwerkzeuge
Mixbecher für Gips
Pinsel
alter Filzstift
Abfälle von Holzleisten
U-förmige Stifte (Agraffen, Krampen), 5 cm lang
kleine Schale

1

Rollen Sie etwas Modellierton zu einer Platte aus, die in der Mitte dicker ist als an den Rändern. Legen Sie eine Kopie der unten abgebildeten Schablone auf den Ton, und schneiden Sie mit einem Modellierwerkzeug der Kontur entlang. Markieren Sie die übrigen Linien.

Schrägen Sie die Aussenkanten ab, und glätten Sie sie mit dem nassen Finger. Mit einem Werkzeug mit breitem Ende heben Sie von den Flossen jeweils eine Schicht Ton ab, so dass sie tiefer liegen als die Körperoberfläche.

Drücken Sie die Partien zwischen den Rückenmarkierungen ein, und glätten Sie diese mit dem nassen Finger, so dass drei flache Wülste vorstehen.

Rollen Sie für das Auge eine kleine Kugel aus Ton. Feuchten Sie die Oberfläche des Fisches an der betreffenden Stelle an, und kleben Sie die Kugel fest. Glätten Sie die Übergänge mit Modellierwerkzeug und nassem Finger.

Formen Sie das Auge und die strahlenförmigen Wimpern. Schneiden Sie den markierten Keil für das Maul aus, und schrägen Sie die Kanten ab. Arbeiten Sie die Zähne: Beachten Sie, dass sie je nach Form des Modellierwerkzeugs ein unterschiedliches Aussehen erhalten.

Verzieren Sie die vorstehenden Wülste, indem Sie ein gezahntes Modellierwerkzeug mit leichtem Druck schräg hineinpressen. Ritzen Sie mit der scharfen Kante eines Modellierwerkzeugs auf Flossen und Schwanz eine Kreuzschraffierung ein.

Shoeless Joe
Muschel- und Seesternkasten
Von einer echten Muschel und einem Seestern wurden Gipsabdrücke genommen und dann auf Holzkästen geklebt. Die bemalte Oberfläche der Kästen wurde abgeschmirgelt, um ihr ein leicht verwittertes Aussehen zu geben.

Bernard Claydon
Seepferdchen, Delphin- und Fischplakette
Die Originalreliefs wurden in Ton modelliert und davon ein Silikonabguss genommen. Ihre glatte und gleichmässige Oberfläche erhielten die Seepferdchen mit der Spritzpistole. Die beiden anderen Teile wurden von Hand bemalt.

The Works
Muscheluhr
Die Muscheln wurden für das Original auf eine leicht kuppelförmige Unterlage aufgeklebt. Der grünspanartige Ton wurde durch eine dunkelrote und braune Bemalung der Gipsform erzielt, auf die dann mit dem Schwamm unregelmässig Türkis aufgetragen wurde. Schliesslich wurde das Ganze mit Goldcreme, die mit Terpentin verdünnt wurde, bemalt.

Galerie

Die ganze Unterwasserwelt wird hier zum Leben erweckt. Die Holzkästen und Spiegel – man könnte dabei an Treibholz denken – bieten den passenden Hintergrund für Muscheln und Seesterne. Die Meeresbewohner lassen sich sehr leicht modellieren und giessen – entweder als einzelne Elemente oder als Teil einer Komposition. Zusammen mit Muscheln ergeben sie eine dekorative Randdekoration. Natürlich darf, wenn es um die Seefahrt geht, auch der Anker nicht fehlen.

Bernard Claydon
Buckelwal
Das Original wurde aus Ton modelliert und davon eine Silikongummiform abgenommen. Die glatte und gleichmässige Oberfläche wurde durch den Auftrag der Farbe mit der Spritzpistole erzielt.

Shoeless Joe
Spiegel mit Seesternen
Der grob gesägte Bauholzrahmen wurde in der Farbe des weissen Sandstrands gekalkt. Von echten Seesternen wurden Gipsabdrücke abgenommen und dann auf dem Rahmen befestigt. Auch die Sisalschnur zum Aufhängen spinnt das Thema von Seefahrt und Küste fort.

The Works
Muschelspiegel
Muscheln wurden auf Spiegelrahmen aus Papiermaché befestigt. Der kleinere Spiegel wurde zusätzlich noch mit einem Seil verziert. Die Gipsformen wurden burgunderrot bemalt, bevor anschliessend Goldcreme aufgetragen wurde.

John De Veuve
Anker
Von dem in Ton modellierten Anker wurde eine Silikongummiform abgenommen. Die marmorierte Farbwirkung wurde durch den Auftrag der Farbe mit der Spritzpistole erzielt.

Himmelskörper

Sonne, Mond und Sterne sind einfach zu formen oder zu giessen und können auf vielfältige Weise eingesetzt werden. Die Sternenbroschen lassen sich besonders leicht arbeiten – man giesst dazu den Gips einfach in Ausstechförmchen. Für den Spiegelrahmen wird der Gips direkt freihändig aufgetragen, und dabei werden verschiedene Objekte in das Material eingebettet. Die Schachtel Seite 96–97 entsteht auf ähnliche Weise, aber anstelle von Gips wird Moltofill verwendet. Sonne, Mond, Sterne und Wolken sind auch ideale Sujets für ein Mobile. Sie werden in zarten Farben bemalt, so dass sie wie weit entfernt wirken. Das Sonnensujet als Wandschmuck zeigen wir in fünf verschiedenen Ausführungen, in denen die vielfältigen Effekte, die sich erzielen lassen, gut sichtbar werden.

Sternbroschen

Diese Broschen verleihen einem alltäglichen Kleid Glanz. Die Formen wurden mit Hilfe von Ausstechformen hergestellt, die Knetmasse verhindert, dass der Gips herausläuft. Die Gipsformen müssen mit grosser Sorgfalt herausgelöst werden, damit sie nicht zerbrechen. Die Nadel der Brosche wird mit Sekundenkleber auf der Rückseite der Gussform befestigt.

Material

Gips
Knetmasse
Pflanzenöl
Sekundenkleber
Broschennadeln
Acrylfarben: Gold, Blau und Silber
bronzene Sprühfarbe
Goldwachs

Werkzeug

grosse und kleine Ausstechformen
Teigroller
Mixbecher für Gips
Schmirgelpapier
kleine Schale zum Mischen der Farbe
Pinsel
Tuch

Streichen Sie die Seiten der Ausstechformen, die mit dem Gips in Berührung kommen werden, mit Pflanzenöl ein. Legen Sie auf ein Bett aus Knetmasse eine kleinere Form in eine grössere. Giessen Sie Gips in den Zwischenraum, und bewegen Sie das Ganze leicht hin und her, damit Luftblasen entweichen können.

Entfernen Sie nach dem Aushärten vorsichtig die Knetmasse, ohne die Ausstechformen zu verschieben. Halten Sie die Form fest, und drücken Sie die Gipsform mit der kleinen Ausstechform vorsichtig durch die grosse.

Halten Sie die Gipsform fest, und drücken Sie die kleine Ausstechform vorsichtig von der Gipsform. Mit Schmirgelpapier werden die Kanten geglättet, und auf die Rückseite wird eine Broschennadel geklebt.

4

Giessen Sie nach demselben Verfahren mit der grösseren Ausstechform zwei ausgefüllte Formen. Glätten Sie die Ränder mit Schmirgelpapier.

5

Tragen Sie Sekundenkleber auf einen der Sterne auf, und kleben Sie den anderen so darauf, dass sich die Spitzen des oberen Sterns zwischen denen des unteren befinden.

6

Pressen Sie die beiden Sterne fest zusammen, bis der Klebstoff hält. Kleben Sie eine Broschennadel auf die Rückseite.

7

Giessen Sie die kleine Ausstechform aus und lassen Sie den Gips aushärten. Glätten Sie die Kanten, und kleben Sie dann eine Broschennadel auf die Rückseite.

8

Bemalen Sie die Sternbroschen in Gold oder Silber. Der Doppelstern wurde blau angemalt, dann trocknen gelassen. Anschliessend wurde mit einem Tuch Goldwachs auf die Oberfläche gerieben.

9

Als Variante verwenden Sie bronzene Sprühfarbe. Achten Sie darauf, dass die Sprühfarbe beim Doppelstern auch in die Rillen zwischen den beiden Sternen gelangt, aber nicht tropft.

Himmelsmobile

Die Sujets für das Mobile wurden mit fertig gekauften Hartplastikformen gegossen. Haken zum Aufhängen wurden bereits beim Giessen eingebettet. Um die zarte Wirkung zu erzielen, wurden die Formen mit einem Schwamm dekoriert – so bekommt man das Gefühl, sie seien unscharf und weit entfernt. Alle Farben wurden mit Weiss abgetönt, so dass Pastelltöne entstanden.

Material

Plastikformen
Gips
Büroklammern
Acrylfarben: Weiss, Blau, Rot, Gelb und Gold
Rundholz
Kette, Faden oder Stoffband

Werkzeug

Mixbecher für Gips
kleine Schale zum Mischen der Farbe
Pinsel
Schwamm
Zahnbürste

1

Giessen Sie die Formen mit Gips aus, und fügen Sie dabei zugleich jeweils eine zurechtgebogene Büroklammer als Haken ein. Tragen Sie auf beide Seiten der getrockneten Gipsformen eine Grundierung auf. Mischen Sie dafür Rot und Weiss zu Rosa für den Stern, Rot, Blau und Weiss zu einem Lila für die Sonne sowie Blau und Weiss zu Pastellblau für den Mond.

2

Bemalen Sie die Wolke mit einer Mischung aus gelber und weisser Farbe. Lassen Sie alle Elemente trocknen.

3

Mit einem Schwamm tupfen Sie auf die Vorder- und die Rückseite weisse Farbe auf. Lassen Sie die Farbe trocknen.

Tupfen Sie pastellgelbe Farbe auf beide Seiten aller Elemente auf. Lassen Sie die Farbe erneut trocknen.

Tauchen Sie eine Zahnbürste in Goldfarbe, und bespritzen Sie damit die einzelnen Elemente.

Verbinden Sie zwei Rundhölzer zu einem Kreuz. Befestigen Sie die einzelnen Elemente mit Kette, Faden oder Stoffband an dem Kreuz. Hängen Sie das Mobile an die Decke.

Dekorierte Dose

Für diese Dose wurde das Thema der Nacht gewählt. Sie können aber auch andere Gipsformen verwenden – fertig gekaufte oder Abgüsse von selbstgemachten oder gekauften Formen. Wählen Sie Objekte, die einander ergänzen und ein hübsches Bild ergeben. Wählen Sie keine grossen und klobigen Formen, da die Dose sonst unhandlich wird.

Material

Dose mit Deckel
Gipsabgüsse
von Mond und 2 Sternen
Moltofill
Sprühfarbe: Schwarz,
Silber und Rot
Goldwachs

Werkzeug

Spachtel
Mixbecher für Gips
Tuch

Ordnen Sie die Gipsabgüsse auf dem Deckel der Dose an, bis Ihnen die Anordnung gefällt.

Rühren Sie etwas Moltofill zur Konsistenz von Quark an, und bestreichen Sie damit den Deckel.

Tragen Sie die Spachtelmasse ebenfalls auf der Rückseite des Mondes und der beiden Sterne auf, bringen Sie die Teile auf dem Deckel in Position, und drücken Sie sie fest an.

Glätten Sie die Spachtelmasse um die Ränder der Formen herum mit einem nassen Spachtel, und füllen Sie dabei allfällige Lücken aus.

Wenn die Spachtelmasse völlig trocken ist, besprühen Sie den Deckel, die Seiten und den Boden der Dose mit schwarzer Farbe. Lassen Sie die Farbe trocknen.

Sprühen Sie Silberfarbe waagrecht darüber (der Strahl soll nicht direkt auf die Oberfläche gerichtet sein), damit sich die Farbe nur auf den erhabenen Partien absetzt.

Als Variante können Sie eine rote Grundierung aufsprühen und anschliessend mit einem in Goldwachs getauchten Tuch über die vorstehenden Bereiche fahren.

Spiegelrahmen mit Himmelskörpern

Für diesen Spiegelrahmen wird der Gips freihändig aufgetragen. Man lässt dafür die Gipsmischung zur Konsistenz von Quark andicken, bevor man sie verarbeitet. Gipsformen und Glasperlen, die in den Gips eingebettet werden, ergeben einen sehr dekorativen und originellen Schmuck. In dieser Weise können Sie interessante Einzelstücke, die Sie über die Jahre hinweg gesammelt haben, kreativ zu einem neuen Ganzen zusammenfügen.

Material

Gips
Wellkarton
Zeitungspapier
Gipsformen: Sonne, Mond und 3 Sterne
Glasperlen
schwarze Acrylfarbe
Gold- und Silberpulver
Zelluloselack
Büroklammer

Werkzeug

Mixbecher für Gips
kleine Schalen zum Mischen der Farbe
Pinsel
Tuch

Schneiden Sie den Wellkarton genau auf die Spiegelgrösse zu, und legen Sie ihn auf Zeitungspapier. Mischen Sie etwas Gips an. Halten Sie den Karton fest, und tragen Sie den Gips darum herum auf, so dass er knapp über den Rand des Kartons reicht. Der Rahmen sollte eine Breite von etwa 5 cm haben.

2

Solange der Gips noch feucht ist, legen Sie vorsichtig den Spiegel darauf, und pressen Sie ihn mit leichtem Druck in den Gips. Lassen Sie den Gips aushärten.

Mischen Sie eine kleine Menge Gips an, und tragen Sie sie auf den Spiegelrahmen auf. Legen Sie eine Auswahl von Gipsformen und Perlen in den nassen Gips. Drücken Sie sie leicht an, damit sie gut haften. Fahren Sie mit dem Finger am Innenrand entlang, damit er rund herum gleichmässig ist.

Arbeiten Sie den Rahmen weiter aus. Mischen Sie dafür jeweils nur kleine Mengen Gips an.

Wischen Sie überschüssigen Gips ab. Nach dem Trocknen drehen Sie den Spiegel um und entfernen Zeitungspapier und Karton. Befestigen Sie am oberen Rand mit einer kleinen Menge Gips eine entsprechend zurechtgebogene Büroklammer als Haken zum Aufhängen.

Bemalen Sie die gesamte Oberfläche auf der Vorder- und Rückseite mit schwarzer Farbe. Mischen Sie Silberpulver mit Zelluloselack, und tragen Sie ihn mit einem relativ trockenen Pinsel auf dem ganzen Rahmen auf.

Mischen Sie Goldpulver und Zelluloselack, und malen Sie damit verschiedene Muster auf die Perlen und die anderen Objekte.

Sonnen-Wandschmuck

Für diesen Wandschmuck wird die Form zuerst aus Knetmasse modelliert, dann davon eine Gussform hergestellt und mit Gips ausgegossen, bevor sie dekoriert wird. Die Form kann auf vielfältige Art verziert werden: leuchtendgelb in Stupftechnik kann man das Schimmern des Sonnenlichts am blauen Himmel wiedergeben, ein sattgelber Anstrich wirkt kühner. Die Wirkung kann mit Silber- oder Goldfarbe unterstrichen werden. Eine glitzernde Sandsteinoberfläche ergibt eine natürlichere Wirkung.

Material

Knetmasse
Gips
Latex
Acrylfarben: Gelb, Kadmiumblau, Preussischblau, Weiss und Silber
Acryl-Glimmergel mit körniger Struktur

Werkzeug

Mixbecher für Gips
Untertasse
Modellierwerkzeug
Pinsel
kleine Schale zum Mischen der Farbe
Schwamm

Kneten Sie die Knetmasse durch, und formen Sie eine Kreisfläche von 1,5 cm Dicke. Legen Sie sie auf eine Untertasse. Formen Sie die Strahlen, und drücken Sie sie gut am Rand der Kreisfläche fest.

Rollen Sie zwei Würstchen für die Augenbrauen, zwei Kugeln für die Wangen und eine kleinere Kugel für die Nase. Formen Sie sie zu einem Gesicht. Glätten Sie die Übergänge mit den Fingern.

Mit dem Modellierwerkzeug arbeiten Sie die Details des Gesichts heraus. Nun können Sie davon (einschliesslich dem Rand der Untertasse) eine Latexform abnehmen und die Form mit Gips ausgiessen (siehe Seite 14–15).

Bemalen Sie den Hintergrund zwischen den Sonnenstrahlen in einem leuchtenden Blau.

Tupfen Sie mit einem Schwamm weisse Farbe auf.

Bemalen Sie das Gesicht mit gelber Farbe, fahren Sie dabei in alle Rillen. Achten Sie darauf, dass keine gelbe Farbe auf den blauen Hintergrund gelangt.

Betonen Sie die vorstehenden Partien des Gesichts mit einem relativ trockenen Pinsel mit weisser Farbe.

Als Variante mischen Sie ein Hellblau aus weisser und blauer Farbe und tupfen es mit einem Schwamm auf die Oberfläche auf. Achten Sie darauf, dass die Farbe in alle Rillen gelangt.

Betonen Sie die vorstehenden Partien des Gesichts mit einem dunkleren Blau, indem Sie einen relativ trockenen Pinsel über die Oberfläche ziehen.

Mischen Sie Weiss und Gelb, und tupfen Sie die Farbe mit dem Schwamm leicht auf die Gesichtsoberfläche auf.

Schliesslich tupfen Sie leuchtendgelbe Farbe über die gesamte Oberfläche.

Goldwachs, das über rote Oxidfarbe gerieben wird, schafft eine fröhliche Wirkung.

Als weitere Variante kann der Hintergrund in dunklem Preussischblau bemalt werden.

Das Gesicht wird mit Silberfarbe bemalt. Tragen Sie nach dem Trocknen eine weitere Schicht auf, um die Wirkung zu verstärken.

Für eine glitzernde Sandsteinwirkung tragen Sie Acryl-Glimmergel mit körniger Struktur auf die gesamte Oberfläche auf.

Bernard Claydon
Elfenbeinmond und Goldstern
Mond und Stern wurden in Ton modelliert und davon Silikongummiformen abgenommen. Der glatte und gleichmässige Farbauftrag wird mit der Spritzpistole erzielt.

Sarah Williams
Wandrelief mit Herz
Die leuchtend bunten Farben und einfachen Formen der Volkskunst inspirierten zu diesem Relief. Es wurde mit Acrylfarben von Hand bemalt.

Bernard Claydon
Sterne mit Grünspanüberzug
Die Sterne wurden zuerst in Ton modelliert. Für den Grünspaneffekt wurde Farbe mit der Spritzpistole und von Hand aufgetragen.

The Works
Sonnenuhr
Die präzise symmetrische Zeichnung auf dieser Uhr wurde mit kobaltblauer und goldener Farbe auf eine weisse Grundierung aufgetragen.

Galerie

Obwohl es nur eine begrenzte Auswahl an Himmelkörpern gibt, ist es erstaunlich, zu welcher grossen Vielfalt an Formen sie inspirieren. Sonne und Mond finden wir in einer Reihe von Wandobjekten, Spiegeln und Uhren wieder. Sterne verbinden sich mit Sonnenstrahlen und wurden äusserst wirkungsvoll auch mit Herzen kombiniert.

The Works
Spiegel mit Spiralmuster
Als Vorlage für diesen Spiegel diente ein Holzrahmen, auf den Sterne aus Gips, Schnurspiralen und Herzen aus Knetmasse aufgeklebt wurden. Der Gipsabguss erhielt einen Grünspananstrich.

Alan Wallis Design
Sonnenspiegel
Hier wurde die Gipsform hellgrün angemalt und dann Goldfarbe aufgetragen. Diese wurde dann abgerieben, um die Farbe darunter als eine Art Patina freizulegen.

The Works
Herz
Die Oberfläche dieses Herzens scheint mit Grünspan versehen: Es wurde zuerst mit dunkelroter und brauner Farbe bemalt, dann stellenweise Türkis aufgetragen. Anschliessend wurde es mit einer Schicht verdünnter Goldcreme überzogen.

Bernard Claydon
Gelbe und goldene Sonne
Die Originale für beide Sonnen wurden in Ton modelliert. Die glatte, ebene Oberfläche erreicht man durch den Farbauftrag mit der Spritzpistole, anschliessend wurden die Stücke lackiert.

Gesichter und Figuren

In diesem Kapitel lernen Sie, von einem dreidimensionalen Objekt eine zweidimensionale Form abzunehmen – in diesem Fall ist es eine klassische Statue. Klassisch ist auch die griechische Büste, die eine nach einfacherem Verfahren hergestellte marmorierte Oberfläche und einen Porphyranstrich erhielt, der ihr eine fast surreale Wirkung gibt. Das komplizierte Buddha-Tafelbild wurde nach einer fertigen Form gegossen. Zur Bemalung wurden zwei Techniken eingesetzt, die eine Antikwirkung erzeugen. Die Cherubinen wurden mit Metallicfarben und mit leuchtenden naturalistischen Farben bemalt. Cherubine zieren auch den aufwendigen Spiegelrahmen Seite 118–121. Er wurde mit Moltofill hergestellt, in das dann die Gipsfiguren eingebettet wurden. Auch hier wird mit schwarzer und goldener Bemalung eine Antikwirkung erzielt. Alle diese Beispiele zeigen, welch unterschiedliche Wirkungen man mit verschiedenen Dekorationstechniken erzielen kann.

Griechische Büste

Der Gipsabdruck einer griechischen oder römischen Skulptur verleiht jedem Raum klassische Eleganz. Obwohl eine solche Skulptur normalerweise auch im klassischen Stil dekoriert wird, erhält sie hier ein fast surreales Aussehen. Die Skulptur wird zuerst mit einem matten Spray versiegelt, damit die anschliessend aufgetragene Farbe nicht vom Gips absorbiert wird. Dann wird die Farbe aufgespritzt. Es ist wichtig, jede Farbschicht gleichmässig aufzutragen.

Material

Gipsbüste
Acrylfarben: Violett, Schwarz, Rot, Weiss und Gold
weisse Sprühfarbe
silberne Marmorsprühfarbe
matter Siegellackspray

Werkzeug

Pinsel
Schwamm
Zahnbürste

Besprühen Sie den Kopf gründlich mit mattem Siegellack. Tragen Sie dann violette Acrylfarbe auf, indem Sie kreuzweise lockere Pinselstriche ausführen. Solange die Farbe noch feucht ist, tupfen Sie mit dem Schwamm über die Farboberfläche.

Bespritzen Sie die Büste mit der Zahnbürste mit wässriger schwarzer Farbe und anschliessend mit weisser Farbe.

Mischen Sie Weiss und Rot zu einem dunklen Rosa, und spritzen Sie die Farbe wie zuvor auf die Büste. Tun Sie dasselbe mit Goldfarbe. Lassen Sie die Farbe trocknen.

Besprühen Sie die Oberfläche mit mattem Siegellack.

Es sind auch spezielle Marmorsprays erhältlich. Sprühen Sie eine weisse Grundierung gleichmässig über die ganze Büste. Mit silbernem Marmorspray sprühen Sie Adern auf. Schaffen Sie natürlichere Übergänge, indem Sie etwas Weiss darübersprühen.

Marmorsprays gibt es in vielen verschiedenen Farben: weisse, schwarze und kastanienbraune Grundierungen mit silbernen und goldenen Marmoradern. Experimentieren Sie mit verschiedenen Kombinationen und Arten von Adern auf einem Gipsrest, bevor Sie die Büste in Angriff nehmen.

Cherubinen

Cherubinen sind überall als Gipsabdrücke oder Formen zum Ausgiessen erhältlich. Der geflügelte Cherub wurde mit schwarzer Farbe besprüht, dann als Glanzlichter goldene Emailfarbe mit einem Tuch aufgetragen. Mit Sprühfarbe lässt sich eine gleichmässige Grundierung erzielen. Die farbigen Cherubinen sind mit einer wässrigen Mischung aus Acrylfarbe grundiert und mit goldenen und leuchtend bunten Glanzlichtern verziert.

Material

Plastikformen
Gips-Cherub
Gips
schwarze Sprühfarbe
goldene Emailfarbe
Acrylfarben: Rot, Weiss, Gelb, Blau, Grün und Schwarz
Goldpulver
Zelluloselack

Werkzeug

Tuch
Pinsel
kleine Schale zum Mischen der Farbe
Mixbecher für Gips

Sprühen Sie den Cherub in einem gut belüfteten Raum mit schwarzer Farbe ein. Sprühen Sie gleichmässig hin und her, damit die Farbe nicht herabläuft oder tropft.

Tauchen Sie ein Tuch in goldene Emailfarbe, und fahren Sie damit über die Oberfläche des Cherubs, um die vorstehenden Partien einzufärben.

Bemalen Sie den Körper in einem rosa Hautton. Mischen Sie einen dunkleren Ton, und malen Sie damit die Vertiefungen. Die Flügel werden türkis, das Haar gelb und die Trompete schwarz bemalt.

Mischen Sie Goldpulver mit Zelluloselack, und bemalen Sie damit die Trompete. Tragen Sie mit einem ziemlich trockenen Pinsel etwas Goldfarbe auf das Haar, die Flügel und die vorstehenden Körperpartien auf.

Cherubinen kann man zur Abwechslung auch weniger traditionell anmalen!

Buddha-Tafelbild

Dieses fein modellierte Tafelbild ist der Inbegriff der indischen Kunst. Die einzelnen Bilder dieses Meditationsobjekts sind detailgetreu modelliert und erzählen jeweils eine ganze Geschichte. Von einer fertig gekauften Form wird ein Gipsabdruck abgenommen und dann dekoriert. Der antikisierende Metallicanstrich verstärkt die Reliefformen und verleiht der Tafel die Wirkung eines Museumsstücks.

Material

Plastikform
Gips
Acrylfarbe: Umbra gebrannt und Paynesgrau
gelbe und schillernde Bronzefarbe
Goldfarbe
Antiksilberpulver
Zelluloselack

Werkzeug

Mixbecher für Gips
Pinsel
Schwamm
kleine Schale
zum Mischen der Farbe

Giessen Sie den Gips langsam und gleichmässig in die Form. Wenn er ausgehärtet ist, drehen Sie die Form um und heben die Gussform vorsichtig vom Gipsabdruck ab.

Mischen Sie Umbra gebrannt und Paynesgrau, und bemalen Sie damit die ganze Tafel. Lassen Sie die Farbe trocknen.

Mischen Sie Bronzegelb und schillernde Bronzefarbe. Tauchen Sie den Schwamm in die Farbe, und wischen Sie über das Relief, so dass die vorstehenden Bereiche die Farbe aufnehmen.

Tauchen Sie den Schwamm in Goldfarbe, und reiben Sie damit über die mittlere Tafel, um wieder die vorstehenden Bereiche einzufärben.

Eine andere Wirkung erhält man, wenn eine Mischung aus Antiksilberpulver und Zelluloselack auf die äusseren, kleinen Tafeln aufgetragen wird.

Klassische Statue

Ein dreidimensionales Objekt wird hier mittels einer einteiligen Gussform zu einem attraktiven Wandrelief. Darum herum wird ein Hintergrund aus Knetmasse aufgebaut; Hohlräume werden ausgefüllt, damit die Form leicht abgenommen werden kann. Die Oberfläche erhält einen Grünspananstrich. Grünspan bildet sich normalerweise auf der Oberfläche von Kupfer-, Bronze- oder Messingobjekten, die Wind und Wetter ausgesetzt sind.

Material

Statue
Knetmasse
Wellkarton
Latex
Gips
bronzene Emailfarbe
Acrylfarben: Blau, Grün und Gelb
weisser Acrylbinder
Schlämmkreidepulver
Brennspiritus

Werkzeug

Mixbecher für Gips
Pinsel
Messer
Zahnbürste
Tuch

Kneten Sie die Knetmasse durch, so dass sie weich wird. Schneiden Sie in der Grösse der Statue ein Stück Wellkarton zu, und legen Sie es unter die Statue.

Füllen Sie den Zwischenraum zwischen Statue und Karton mit Knetmasse aus, und bauen Sie die Knetmasse bis auf die halbe Höhe der Statue auf. Nun können Sie davon einen Latexabguss abnehmen (siehe Seite 14–15).

Machen Sie einen Gipsabdruck. Tragen Sie darauf eine Schicht bronzene Emailfarbe auf. Wenn sie trocken ist, tragen Sie eine wässrige Mischung aus blauer und grüner Acrylfarbe über die ganze Oberfläche auf.

Mischen Sie weissen Acrylbinder mit hellblauer und hellgrüner Acrylfarbe, Schlämmkreidepulver und Brennspiritus zu einer Paste. Tragen Sie diese auf die gesamte Oberfläche auf, und lassen Sie sie trocknen.

Tupfen Sie mit dem Tuch etwas hellblaue Acrylfarbe auf, und lassen Sie sie trocknen. Stellen Sie eine Mischung aus wässriger gelblichgrüner Farbe her, und spritzen Sie diese mit der Zahnbürste auf die Oberfläche.

Pinseln Sie die Oberfläche leicht mit Wasser ein, und streuen Sie Schlämmkreide darüber. Wischen Sie überschüssiges Pulver ab.

Spiegel mit Cherubinen

Dieser Spiegel im klassischen Stil erhält durch die Goldbemalung ein antikes Aussehen – die Aufhängung über Eck verleiht ihm eine besondere Wirkung. Rahmen und Hintergrund bestehen aus Styroporplatten, die es in Läden für Künstlerbedarf gibt; für einen Spiegel über 40 cm Seitenlänge verwenden Sie einen Holzrahmen. Die Cherubinen werden mit Moltofill am Rahmen befestigt; dieses braucht länger zum Aushärten und wird härter als Gips.

Material

Gips-Cherubinen
Styroporplatten
Spiegel
Draht
doppelseitiges Klebeband
Moltofill
schwarze Sprühfarbe
goldene Emailfarbe
dekoratives Papier
braunes Paketklebeband
Sprühkleber

Werkzeug

Schneideunterlage
Skalpell
feiner Filzstift
Lineal
Zange
Mixbecher für Spachtelmasse
Spachtel
Tuch

Schneiden Sie aus dem Styropor zwei Quadrate aus, die 5 cm grösser sind als der Spiegel. Legen Sie den Spiegel in die Mitte eines Quadrats und schneiden Sie um den Spiegel herum.

Legen Sie diesen Rahmen auf das zweite Styroporquadrat, und richten Sie die Kanten aneinander aus. Zeichen Sie, indem Sie den Stift schräg halten, das innere Quadrat auf; schneiden Sie es aus.

Schneiden Sie auf dem grösseren Rahmen jeweils 10 cm von einer Ecke entfernt zwei Schlitze ein. Schneiden Sie zwei Stücke Draht, und biegen Sie sie zur Hälfte um. Schieben Sie die Schlingen jeweils durch einen Schlitz, so dass sie auf der anderen Seite 2,5 cm hervorstehen. Biegen Sie die Enden um, so dass sie flach anliegen.

Kleben Sie doppelseitiges Klebeband an den Kanten des kleineren Rahmens auf. Legen Sie den grösseren Rahmen darauf, so dass die Kanten aneinander ausgerichtet sind, und drücken Sie ihn gut fest.

Legen Sie den Spiegel zur Kontrolle auf den so entstandenen Absatz. Falls nötig, schneiden Sie die Styroporplatte noch etwas zurecht.

Drehen Sie den Rahmen um, so dass sich die Haken zum Aufhängen auf der Rückseite und oben befinden. Ordnen Sie die Cherubinen auf dem Rahmen an. Legen Sie die Gipsformen in der gewünschten Anordnung wieder zur Seite.

Legen Sie den Rahmen über der Arbeitsfläche auf Stützen ab. Mischen Sie etwas Moltofill zur Konsistenz von Quark, und tragen Sie eine Schicht auf den Rahmen auf.

Bestreichen Sie nacheinander die Cherubinen auf der Unterseite jeweils mit etwas Spachtelmasse, bringen Sie sie auf dem Rahmen in Position, und drücken Sie sie gut an.

Füllen Sie, falls nötig, die Stellen unter den Flügeln und dort, wo der Cherub nicht mit der Spachtelmasse verbunden ist, mit Moltofill auf.

Wenn ein Cherub über den Rand des Rahmens hinausragt, tragen Sie darunter ebenfalls zur Verstärkung Moltofill auf, und verstreichen Sie es zum Rand des Rahmens hin.

Drehen Sie den Rahmen um, und sichern Sie die beiden Haken zum Aufhängen mit Moltofill. Mit dem Messer schneiden Sie überschüssige Spachtelmasse an der Kante des Rahmens ab. Lassen Sie das Ganze gut trocknen.

Sprühen Sie den Rahmen in einem gut belüfteten Raum auf der Vorder- und Rückseite mit schwarzer Farbe ein. Lassen Sie die eine Seite trocknen, bevor Sie die zweite einfärben.

Setzen Sie den Spiegel ein, und sichern Sie ihn mit Paketklebeband.

Sprühen Sie die Rückseite des Spiegels mit Klebstoff ein, und legen Sie ein dekoratives Papier darauf. Schneiden Sie es auf die richtige Grösse zu.

Tauchen Sie das Tuch in Goldfarbe, und wischen Sie vorsichtig über die Oberfläche der Cherubinen, so dass die Farbe an den vorstehenden Partien haften bleibt, während die Vertiefungen schwarz bleiben.

Clifton Little Venice
Griechischer Kopf
Hier wurde eine schwarze Farbschicht wieder abgerieben, bevor sie ganz getrocknet war. Die Farbe bleibt in den Vertiefungen haften, so dass eine steinartige Wirkung entsteht.

Doppelgänger
Kletternde Figur mit Kind auf dem Rücken
Zu diesem Objekt wurde der Künstler durch einen Film angeregt, in dem ein Schauspieler auf diese Weise einen Menschen rettete. Der Gipsabdruck wurde leicht eingefärbt und lackiert.

Matthew Lee
Rokoko-Wanduhr
Diese Uhr nimmt Inspirationen von spanischer und italienischer Kirchenkunst auf. Der Rahmen wurde in Ton modelliert und dann davon eine Gussform abgenommen. Der Gipsabdruck wurde schwarz bemalt, anschliessend wurde Gold aufgetragen.

Mark La Trobe
Cherubinen
Diese Cherubinen wurden mit Goldtinte eingefärbt und die Farbe vor dem vollständigen Trocknen abgerieben, so dass sie nur in den Vertiefungen haftenblieb.

Galerie

Die stärksten Inspirationen kommen wohl von klassischen Skulpturen aus der ganzen Welt. Der menschliche Körper wurde in der Geschichte immer wieder von Künstlern gestaltet: die tiefste Ruhe ausstrahlende Figur Buddhas, die Schönheit von griechischen und Renaissanceskulpturen, die dramatischen Masken des römischen Theaters, die alle Zeiten überdauernde Figur des Cherubs und die experimentellen figürlichen Darstellungen des zwanzigsten Jahrhunderts.

Mike Wells
Spiegel mit Cherubinen
Erst wurde eine Grundierung aufgesprüht, dann darauf Goldwachs aufgetragen, um die Antikwirkung zu erzielen.

Mike Wells
Auge
Auf eine schwarze Grundierung geriebenes Goldwachs erzeugt eine ganz andere Wirkung als wir sie normalerweise von klassischen Skulpturen kennen.

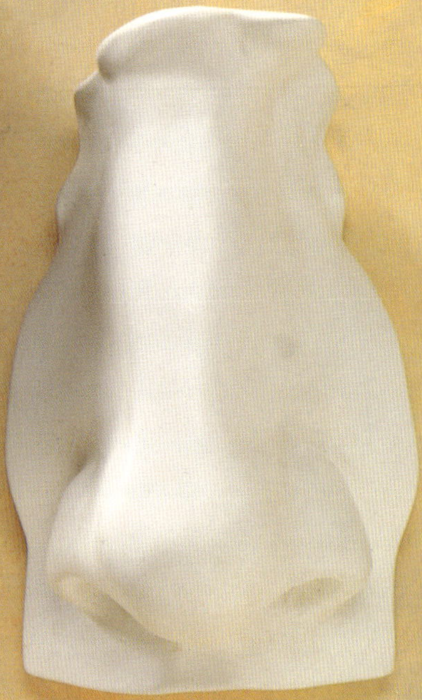

Mark La Trobe
Buddha
Diese täuschend echt metallisch wirkende Oberfläche wurde mit Autolackspray erzielt.

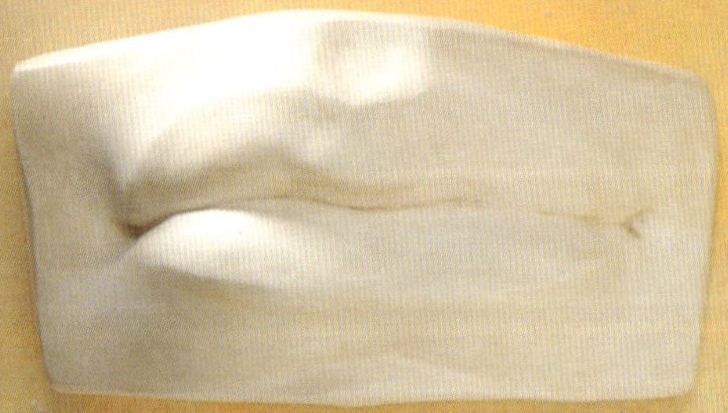

Mark La Trobe
Nase und Mund
Diese von klassischen Skulpturen abgenommenen Gipsabdrücke wurden mit durchsichtigem Wachs versehen und dann poliert, so dass ein cremefarbener Oberflächenglanz entstand.

Mark La Trobe
Römische Masken
Diese Masken, die von römischen Originalen abgenommen wurden, erhielten einen sehr überzeugenden Grünspananstrich. Sie wurden mit Kupferfarbe bemalt und dann, um eine matte Oberfläche zu erhalten, mit Pulverfarbe bestreut.

Stichwortverzeichnis

Kreatives Werken und Gestalten mit Büchern aus dem AT Verlag

Ron Fuller
Holzspielzeug selber machen
176 Seiten, durchgehend farbig bebildert

Originelle Holzspielsachen für jedes Alter: vom einfachen Puzzle über eine Giraffe zum Ziehen und watschelnde Enten bis hin zu U-Boot, Doppeldecker und Geländewagen – vom einfachen Anfängerstück bis zu anspruchsvolleren mechanischen Spielsachen, die aber alle mit dem gängigen Holzwerkzeug herstellbar sind. Alle Anleitungen sind Schritt für Schritt detailliert beschrieben und bebildert. Mit Schablonen und Plänen mit genauen Massangaben.

Catherina Ziessler
Gestalten mit Schablonen
118 Seiten, 32 Farb- und zahlreiche Schwarzweissfotos

Mit Schablonen lassen sich auf einfache Weise auf den verschiedensten Materialien äusserst dekorative Muster und Ornamente gestalten. So erhalten Schachteln, Dosen, Tüten und Geschenkpapier, Vasen, Gläser und Schalen, Bettwäsche, Vorhänge und Stuhlbezüge einen ganz besonderen Charakter. Mit detaillierter Beschreibung der grundlegenden Techniken und Arbeitsabläufe.

Ursula Müller-Hiestand
Papiermaché
72 Seiten, 20 Farb- und zahlreiche Schwarzweissfotos

Dieses Werkbuch zeigt, wie aus den einfachen Werkstoffen Papier und Kleister die vielfältigsten, phantasievollsten Gegenstände entstehen: von Tellern, Töpfen und Schalen über Masken und Handpuppenköpfe bis zu filigranem Schmuck. Mit detaillierter Beschreibung der Arbeitsabläufe, Tips und Anregungen.

Angelika Fuchs-Waser
Papier schöpfen und gestalten
84 Seiten, 17 Farb- und zahlreiche Schwarzweissfotos

Aus Papiermasse, Pflanzenfasern oder alten Zeitungen lassen sich auf einfache Weise phantasievolle Papiere von Hand schöpfen. Das Buch erklärt schrittweise das genaue Vorgehen, zeigt vielfältige Gestaltungsvarianten und gibt Anregungen zur Verwendung der Papiere für Karten, Couverts, Wandschmuck, Bücher und vieles mehr.

Kurt Haberstich

Gestalten mit Speckstein

84 Seiten, 30 Farb- und zahlreiche Schwarzweissfotos

Speckstein ist ein ideales Material für plastisches Gestalten: er eignet sich bereits für Anfänger, ist leicht und ohne teure Werkzeuge zu bearbeiten und nicht zuletzt auch günstig im Preis. Das Buch führt in die grundlegenden Arbeitstechniken ein und zeigt anhand einfacher Objekte in detaillierten bebilderten Anleitungen das genaue Vorgehen.

Albert Bärtsch

Holzmasken entwerfen – gestalten – schnitzen

144 Seiten, zahlreiche Schwarzweissfotos

Eine umfassende, praktische Anleitung zum Holzmaskenschnitzen. Mit ausführlicher Darstellung vom Entwurf über die Vorarbeiten in Ton und das Herstellen von Abgüssen, die verschiedenen Holzarten, Werkzeuge und Schnitzeisen bis zum eigentlichen Schnitzen, das in detaillierten Schritt-für-Schritt-Anleitungen mit zahlreichen Bildern gezeigt wird.

Ursula Müller-Hiestand

Erde, Wasser, Luft, Feuer

Mit Kindern die vier Elemente erfahren

96 Seiten, 20 Farb- und zahlreiche Schwarzweissfotos

Ein Werkbuch, das die vier Elemente im Experimentieren und Spielen sinnlich erlebbar und erfahrbar macht. Mit zahlreichen Vorschlägen zum Herstellen von einfachen und sinnvollen Gebrauchsgegenständen.

Ursula Müller-Hiestand

Werkstatt Luft und Wind

Mit Kindern werken, gestalten und erleben

104 Seiten, 26 Farb- und zahlreiche Schwarzweissfotos

Dieses Werkbuch zeigt, wie Luft und Wind in ihren vielfältigen Wirkungen mit Kindern bewusst erlebbar werden. Mit einfachen Materialien und wenig Werkzeug entstehen Luft- und Windobjekte – von einfachen Mobiles, Windrädern und Flaggen über verschiedenste Fluggeräte bis zu Luft- und Lärminstrumenten wie Maienpfeife, Maultrommel und Schwirrholz. Mit zahlreichen Detailplänen und genauen Anleitungen.